JN005654

はじめに

　私の生まれ故郷は東京都葛飾区である。映画『男はつらいよ』で昭和の時代から広く知られている柴又は，生家があった場所から比較的近い。私にとって葛飾区の風景や人々が様々な活動をする場面は，柴又に限らず，今も昔とさほど大きく変わってはおらず，葛飾らしいということに尽きる。変わったのは，商店街の街路灯一本一本の先に取り付けられていた造花の飾り付けが近年取り外され，すっきりとしてしまったことぐらいである[1]。だが，1986 年に来日したウィーン市の市長は，機内でこの映画を鑑賞し，葛飾をウィーンと似ていると感じたという。「人間関係や背景となる土地柄が，ウィーン市の市民気質や郊外の風景と似ていた」[2]（葛飾区のウェブサイトより引用）とのことである。そしてこの来日がきっかけとなり，葛飾区とウィーン市フロリズドルフ区は友好都市提携を宣言したということである。その後，『男はつらいよ』では，ウィーンを舞台とした作品が作られている。葛飾区にある「シンフォニーヒルズ」というホールにモーツアルトの像があるのもこのことに由来している。一方，フロリズドルフ区には「カツシカシュトラッセ」（「かつしか通り」）があるという[3]。当時のウィーン市の市長は，異国で感じられる自国らしさから生じる異国情緒（第 2 章参照）を感じていたと推測できる。

　本書は，異国らしい特徴を持つ事物や情景を知覚したときに感じられる異国情緒について，消費者行動研究の中の一領域である「消費者美学」の立場から説明することを目的としている。

　本書には「異国情緒の感じ方」というタイトルをつけたが，「感じ方」と

1　もっとも近年は，昔ながらの商店街にコンビニエンス・ストアが開店するなど，少しずつ変化してきている。

2　東京都葛飾区総務部総務課のウェブサイト「葛飾区史　第 4 章　現代へのあゆみ　第 1 節　戦後の葛飾」を参照した。

3　東京都葛飾区のウェブサイト「子ども葛飾区史　第 2 章　葛飾の歴史　第 10 節　平成時代」を参照した。

いうことばには二つの意味を込めている。一つは，異国情緒を感じる状態に至るまでの経路という意味である。見慣れない事物があれば異国情緒を感じるというものではない。本書ではどのような要因が影響を及ぼしているのかを検討する。もう一つの意味は，異国情緒を感じる経験の種類という意味である。異国情緒を感じる経験にはいくつかのタイプが存在すると考えられるため，この点についても検討する。

　また本書には，「消費者美学の立場から」というサブタイトルをつけてある。これは，消費者行動研究における消費者美学の考え方を中心に据えるという意味である。本書の出発点も美学の分野に属する研究（牧野, 2019b）であった。しかし本書は，消費者の経験のうち美的経験とみなせる経験だけに内容を限定してはいない。消費者美学は広い意味での快楽消費研究に含まれると考えられるため（牧野, 2015, 2019a; 第2章参照），消費者美学で扱う範疇に属する経験だけでなく，美的経験以外の快楽消費経験も視野に入れる。

　本書は，異国情緒を感じる経験を消費経験としてとらえることから，場所のブランディング研究ともつながっている（第4章参照）。そのため，ブランド論の観点から本書を読むことも可能と思われる。例えば，鈴木（2020）が掲げている「新たなブランド価値構造」における「感性価値」（肯定的な感覚反応・感情反応）と「関係価値」は，本書で論じる「快の感情または詩的哀感」や「個人的ノスタルジアの喚起」，「個人的意味」（いずれも第4章参照）に通じる部分を持っている。

　本書は序章と終章を含む七つの章から成っている。

　序章では，本書で消費者行動研究の立場から異国情緒を問うことの理由を述べている。理由は大きく三つある。第一は，異国情緒というものがそもそも商品に由来する概念であることである。第二は，マーケティングの分野において，近年，美意識への関心が高まっていることである。第三は，異国情緒研究がマーケティングの様々な研究テーマとつながる可能性を持っていることである。

　第1章は異国情緒という概念について検討する章である。異国情緒ということばの変遷およびその同義語・類義語について検討する。用例を参照する

ことにより，異国情緒という概念の意味だけでなく，根底にある性質も確認する。

　続く第2章では，第1章の概念の検討をふまえ，異国情緒の美的特徴を検討する。そして，今日の異国情緒の美的特徴として，哀感やノスタルジアがかかわっていることを述べる。また，異国情緒を生じる要因となる異国らしさの認知についても検討する。

　第3章は消費者美学の立場からとらえられる異国情緒について論じる章である。ここではまず，消費者行動研究の分野におけるこれまでの異国情緒の研究を紹介し，美的経験の観点からの研究がほとんどなされていないことを確認する。そして，異国情緒を感じるという経験（「異国情緒経験」と呼ぶ）を，情趣型異国情緒経験，感覚依存型異国情緒経験，知的満足型異国情緒経験の三つに分類する。

　第4章は異国情緒経験の生起を説明するモデル（「異国情緒経験モデル」と呼ぶ）を掲げる章である。このモデルは，第3章で掲げた各タイプの異国情緒経験の生起プロセスを含む包括的なモデルである。このモデルでは，快の感情あるいは詩的哀感の生起の有無，深化要因の有無，「有用性の認知を伴わない価値認識」[4]の有無によって，生起する異国感情経験の種類が異なることを示している。

　第5章は，異国情緒経験モデルの妥当性を検討するための経験的研究を行う章である。ここでは，異国らしい特徴を持つ事物や情景を描写した明治期以降の詩や随筆等を素材とし，消費者行動研究における人文学的解釈アプローチを用いた意味解釈研究を行う。事物については，明治期から大正期までのコーヒーとカフェーを描いた作品を取り上げ，情景については，昭和期以降のポルトガルの情景を描写した作品を取り上げる。

　終章では，第5章までに検討してきたことをマーケティング戦略に活かすことを考える。第3章で示した異国情緒経験の三分類に基づき，異国情緒経験の種類別に，この経験の生起を促進するためのマーケティング戦略を述べる。

4　本書では，カント（Kant, 1790/ 1964）が論じた「無関心」の概念（第3章参照）を基盤にしているが，異国情緒の説明に合うように改変している。

　消費者が感じる異国情緒について，本書だけで充分説明できるわけではない。特に，経験的研究に関しては解釈アプローチを用いているため，結果の一般化が困難であろうという批判があり得る（第5章参照）。本書で示した解釈とは異なる解釈があるだろうという批判も可能である（第5章参照）。しかし本書は，消費者美学の立場から異国情緒の問題を取り上げた初の試みをまとめたものである。今後の課題は多々あるにせよ，このような研究もあると知っていただけたらと思っている。

おことわり

　本書では，引用文献の著者等の人名は基本的に敬称略で記しているが，主として昭和の時代以降に活動している作家や芸術家は敬称を付けて記してある。また，本書に挿入してある風景の写真と商品の写真のうち，風景の写真は2019年10月から2020年1月までの期間に撮影されたものである。現時点では多少異なっている可能性がある。字体に関しては，原則として標準字体を用いている。諸文献からの引用箇所に旧字体や旧字体以外の異体字が含まれていた場合には，人名あるいは雑誌名として用いられている箇所を除き，標準字体に改めて表記している。

目　次

◆ 第2章　異国情緒の美的特徴と異国らしさの分類　　45

◆ 第5章　人文学的解釈アプローチを用いた経験的研究　115

◆終章　マーケティング・インプリケーション　　173

1節　情趣型異国情緒経験に関するマーケティング・インプリケーション

序章

なぜ，異国情緒を問うのか

　本書では，消費者行動研究における消費者美学の立場から，異国情緒の問題にアプローチする。だが異国情緒をテーマとする研究というと，文学など，消費者行動研究以外の分野が思い浮かびやすいかもしれない。美術史における異国趣味の研究が浮かんでくるということもあるだろう。そこで最初に，なぜ，本書において異国情緒を問うのか，異国情緒を問うことにマーケティング的意義はあるのか，という問いに対する本書の答えを示しておきたい。

　しかしこの問いに対する答えを示すより前に，まず，異国情緒とはどのような種類の概念かということを確認しておく必要があるだろう。本書では，これを，知覚対象の美的な性質を表す概念としてとらえている。ここで言う「美的」とは，英語で言えば"aesthetic"であり，美学の分野でしばしば「感性的」とも訳される概念である。この点を念頭に置くと，本書のマーケティング的意義として，以下の三点をあげることができる。

　第一は，異国情緒という概念が商品に由来する概念であることである。異国情緒の概念の成り立ちについては第1章で詳しく述べるが，美的なものを表す多くの概念は，アート・マーケティングにおいて語られる芸術作品を除けば，商品とはつながりにくい。例えば，「崇高」という概念は，美学で古くから論じられてきたが，商品とは結びつきにくいだろう。だが，「異国情緒」は，外国に由来する商品が存在して初めて生じる美的概念（第1章注8参照）と言える。このことは，日本語の異国情緒についても，これにほぼ対応する英語の「エグゾチシズム」(exoticism)やフランス語の「エグゾチスム」(exotisme)についても言える（第1章参照）。

　したがって，異国情緒を研究する学問領域として，第一に，マーケティングがあげられても不思議なことはない。「異国情緒」の用例も，広告や旅行関連の記事に含まれていることが少なくない（第1章参照）。

　第二は，近年，マーケティングの分野において，美意識への関心が高まっていることである。2019年には，ハーバード・ビジネス・スクールにおけるブラウン，P. の講義内容をまとめた *Aesthetic Intelligence* が出版され，日本語訳（山口訳，2021，『ハーバードの美意識を磨く授業』）も出版されている。原書タイトルは，略せばAI，言うまでもなく「人工知能」を意味するAI（Artificial Intelligence）をもじったものである。日本の雑誌である『マーケティングホライズン』でも，2020年の新春号では，「美意識」をテーマとし，編集委員の方々に，各人が考える美意識について執筆してもらっている。

　ただし，肝心の「美意識」ということばの意味は一つに定まっていないようである。ブラウン，P.（Brown, P., 2019）の著作では，ファッションセンスを磨くことも，顧客に対して思いやりを持って接することも，わかりやすいウェブサイトを作ることも，美意識に含まれる。監訳者の山口は訳書の冒頭で，現在は，利便性から，意味があること，情緒やロマンがあることへと，価値のシフトが起こっていると論じている。確かに，利便性追求に対置される概念ととらえれば，ブラウンが論じている様々な例が，美意識の範疇に入ることになる。

　『マーケティングホライズン』の「美意識」の特集号でも，美意識のとらえ方は各人各様である。誠実であることをあげている論者もいれば，グローバルな視点に立ち，社会の問題に目を向けることをあげている論者もいる。利他精神をあげている論者もいる。

　これらは概して，効率性重視に対置されるという共通点を持っており，山口の指摘とも整合性がある。この対置関係は，〈問題解決・情報処理研究〉対〈消費経験論〉という，消費者行動研究の枠組み（第3章参照）ともほぼ合致する。しかし，美学において論じられてきた美とは必ずしも一致していない。美学では美的価値と倫理的価値は概念的に区別されており，この点において，マーケティングにおける「美意識」の用法と異なっているのであ

る[1]。

　美学の歴史を遡れば，18世紀後期以前の西洋では，美は善に従属する価値であったという（津上，2023）。だがそれは，絵画や音楽を通しての美の追求活動が是認されるためのとらえ方であり，その後，美は自律した価値を持っているととらえられるようになった（津上，2023）[2]。

　では，美的価値と倫理的価値はどのような点において異なっているだろうか。例えば佐々木（1995）は，実存のかかわりが希薄なものとして美的価値の選択を説明している。またカントの美学では，知覚対象が美的であるためには，実践的な関心抜きの適意が生じることが必要とされる（第4章参照）。

　世のため人のための事物や行為は，実践的である。例えば，親孝行を描いた美しい物語というものは，マーケティングにおける美意識研究の立場からは美と言えるかもしれないが，倫理の領域に属する良さであり，美学の概念としての美的価値があるとは言えないだろう。一方，本書における「美的」は美学におけるとらえ方に従っている。したがって，倫理的価値を表す美しさは，本書の検討対象には含めない。

　本書では，このように検討対象を絞ることによって，異国情緒経験（異国情緒を感じる経験）の美的な側面を明らかにすることを試みる。このことは，美的経験としての異国情緒経験に，マーケティング戦略が影響を及ぼし得るのかどうかを考えるきっかけを提供できると思われる。もっとも本書では，美的経験とは言い難い異国情緒経験にも目を向けている。そのため，美的経験には属さない異国情緒経験についても，マーケティング戦略を考えることができるだろう（終章参照）。

　第三は，異国情緒の研究がマーケティングの様々な研究テーマと結びつく可能性を持っていることである。異国情緒の研究をマーケティング研究とし

1　もっとも神経美学の分野では，脳活動の測定から，美的な魅力と道徳的な良さに共通して反応する部位があることが確認されている（Tsukiura and Cabeza, 2011）。この測定結果は，美的価値認識と倫理的価値認識が共通の要素を持っていることを示唆している。

2　18世紀後期には，バウムガルテン（Baumgarten, 1750/1758）が，著書『美学』において，知性的認識に基づく「真」と並ぶ価値として，感性的認識に基づく価値である「美」を掲げた（津上，2023; 第4章参照）。

てとらえた場合に思い浮かびやすいのは，観光マーケティングや，プレイス・ブランディングだろう。確かにこれらのテーマも，異国情緒と大いに関係がある。本書でも，プレイス・ブランディングの問題には第4章で言及している。しかし，異国情緒研究が結びつくマーケティングのテーマは，これらだけではない。

　第5章の経験的研究からは，異国情緒経験が，消費者のノスタルジアと結びつくことが示される。というのも，本書の結論は，知覚者にとって異国らしいと思える知覚対象に，知覚者自身に通じるものを見出すことが，異国情緒経験を深めるというものだからである。

　また第5章では，事物の知覚から感じられる異国情緒と，情景の知覚から感じられる異国情緒を分けて検討しているが，事物の知覚から異国情緒経験が生じるということは，輸入品の使用や利用などからも異国情緒を感じる場合があることを意味する（終章参照）。

　このほか，異国らしさの認知もマーケティング研究のテーマになり得る。本書では，異国情緒経験は異国らしさの認知に基づいて生じると論じているが，異国らしさを肯定的に受け止めるか否かは，「消費者コスモポリタニズム」[3]と関係があるだろう。リーフラー他（Riefler et al., 2012）の研究では，「消費者コスモポリタニズム」は，異国・異文化に対して偏見のない心を持ち，様々な国や文化に由来する商品によってもたらされる多様性の価値を認め，異国に由来する商品の消費に対して肯定的である程度として定義されている。そこで，消費者コスモポリタニズムの程度が高い消費者をターゲットとして，異国らしさへの注意を促すマーケティング戦略を考えることもできるだろう（終章参照）。

　このように，本書は，マーケティングの本としての性質を多分に持っている。さらに，異国らしさに限らず，なじみの薄い商品やサービスに対する消費者の関心を高め，魅力を感じてもらうためのマーケティング戦略を考えることにもつながっている（終章参照）。

3　原語は，"consumer cosmopolitanism" である。本書では，この概念について検討している寺﨑（2021）の訳に倣った。

第1章
異国情緒の概念

　「異国情緒」とは何だろうか。「情緒」という日本語は，感情の意味で用いられることが多いように見受けられるが，この意味のほかに，「感情を誘い起こす気分・雰囲気」（新村, 2018, p.1438）を指す場合もある。新村は「江戸情緒」という語を一つの例としてあげているが，「異国情緒」も同様である。異国情緒は喜びや悲しさに並べられるような感情の一種ではないのであり，異国らしさによって醸し出される雰囲気や情趣[1]を指すことが多いだろう。だがこのことばは，最初から「異国情緒」であったわけではない。

　本章では，「異国情緒」研究の出発点として，まずこの概念の歴史を辿る。さらに，これに対応する外国語として「エグゾチシズム」および「エグゾチスム」を取り上げ，「異国情緒」という日本語との共通点・相違点を考える。

1節　「異国情緒」の意味と歴史

　「異国情緒」の概念を明らかにするにあたり，まず，辞書の定義を確認しておくことにしたい。『日本国語大辞典』（日本国語大辞典第二版編集委員会・小学館国語辞典編集部, 2000）には，「『異国情調』に同じ。」（p.912）と記されており，「異国情調」に当たってみると，「いかにも外国らしい風物がつくり出す雰囲気や気分。異国情緒。エキゾチシズム。」（p.913）と書か

1　本書における「情趣」とは，拙著（牧野, 2019a）の「情趣」と同様に，広義の「もののあはれ」である。哀感・もの悲しさ，静寂，はかなさを中心とするが，あたたかさ・温もり，のどかさ，懐かしさなども含む概念である。

れている。『大辞泉』（松村, 1995）の説明もこれとほぼ同様である。「異国情緒」には「『異国情調』に同じ。」（p.129）と書かれており，「異国情調」に当たってみると，「外国の風物がつくり出す雰囲気。異国情緒。」（p.129）と書かれている。

だが，今日「異国情調」ということばはめったに目にしない。『大辞泉』（松村, 1995）には，「昭和前期まで『異国情調』が，昭和後期からは『異国情緒』が一般に使われだした」（p.129）と記されている。また大谷（2009）によれば，「情調は情趣，情緒と同義の言葉だが，明治の末ごろから，情調という表現が好んで用いられる時代が続いていた」（p.7）ということである。

ではなぜ変化したのだろうか。変化するには何かしらの理由があったのではないだろうか。以下では，この疑問に対する答えを見つけるために，様々な用例を参照しつつ，「異国情緒」およびこのことばへとつながっていく日本語の歴史を概観する。ただし，ある種の雰囲気や情趣を言い表すためのことばが存在しないことは，そうした雰囲気や情趣が全く存在しないことを意味するわけではない。この点については注意が必要である。言い表すにふさわしいことばがなくても存在しているということはあり得るし，似たような雰囲気や情趣が他のことばで言い表されていることもある。そのため以下では，「異国情緒」そのものだけに限定せず，同義語・類義語の用例も視野に

表 1.1 「異国情緒」および同義語・類義語の変遷[1]

年代	1900	1910	1920	1930	1940	1950	1960
異国趣味[2]	◼- - - - - - - - - ━━━━━━━━━━━━━━━━━━━━━━━━━━━━━━━━▶ （現代に至る）
異国情調	用例1910 ━━━━━━━━━━━━━━▶
異国情趣[3]	用例1916 ━━━━━━━━━━━━━━━━━- - - - - - - - -▶
異国情緒	用例1939 ━━━━━━━━▶ （現代に至る）
エキゾチック[4]	用例1935 ━━━━━━━━━━━▶ （現代に至る）

注：1）年代は用例に基づいて記してある。本書で見つけられなかった時代の用例がある場合には，各語の矢印はさらに長くなる。
　　2）「異国趣味」と呼び得る指向性は，「異国趣味」ということばが使われるようになる時代よりはるかに前から存在していたと考えられる（本文参照）。
　　3）完全に用いられなくなったわけではない。昨今でも使われている場合がある（本文参照）。
　　4）「異国趣味」に「エキゾチック」あるいは「えきぞちすむ」と振り仮名を振る用例は1910年に見られる（本文参照）。

入れて概観していく[2]。

　様々な文献や資料に当たってみると，「異国情緒」という日本語の歴史は，凡そ四つに区分できる。またこれらと並行して「異国趣味」の概念が存在する。「異国情緒」とその同義語・類義語の変遷をまとめると**表1.1**のようになる[3]。以下ではこの表に沿って，「異国情緒」の意味と歴史を概観する。

(1) 第1期　異国趣味が存在しつつも用語がなかった時代（1500年代半ばから1900年代まで）と「異国趣味」の時代（現代に至る）

▶ 異国趣味ということば

　「異国情緒」と密接な関係のあることばに「異国趣味」がある。異国趣味とは，『日本国語大辞典』によると，第一に，「物珍しい外国の風物，物事から感じとられるおもむき，味わい。また，それをあこがれ好むこと。エキゾチシズム。」（日本国語大辞典第二版編集委員会・小学館国語辞典編集部，2000, p.912）である[4]。したがって，異国情緒と重なる部分がある。例えば，「異国情緒が漂うショッピング・モール」と，「異国趣味を表すショッピング・モール」では，同じようなショッピング・モールが思い浮かぶだろう。だが，異国情緒が事物の鑑賞によって見出される事物の性質であるのに対し，

2　本節で，用例として紹介する文献の刊行年には西暦のほかに元号も記した。いつ頃のことであるのかを明確にするためである。

3　本書でまとめた「異国情緒」および同義語・類義語の変遷の歴史は，吉沢・石綿（1979）の『外来語の語源』に示されている「エキゾチシズム」および「エキゾチック」の訳語の初出の順番とほぼ対応している。ただし，初出年は少し異なる。『外国語の語源』では，「エキゾチシズム」の訳語としての「異国情調」の初出は1931（昭和6）年，「異国情趣」の初出は1935（昭和10）年となっている。また，「エキゾチック」の訳語としての「異国情調」の初出は1924（大正13）年，「異国情緒」の初出は1932（昭和7）年となっている。これらのうち，「異国情調」と「異国情趣」については，本書で紹介する用例の方が古い。本書で示す用例では，「異国情調」の初出が1910（明治43）年であり，「異国情趣」の初出が1916（大正5）年である（後述）。一方，「異国情緒」に関しては『外国語辞典』に記載されている用例の方が本書の用例より古い。本書では，「異国情緒」の初出を明らかにできていないが，本書で紹介する用例の中で最も古いものは1939（昭和14）年の用例である（後述）。なお，「エキゾチック」という語自体が入ってきた時期については，『外来語の語源』には大正と記されている。

4　第二の意味もある。第二の意味は，芸術作品における異国趣味を指しており，外国の人物や事象に取材して表現手段とすることと説明されている。

異国趣味という語は，鑑賞者の指向性や選好をも意味すると言える。

また，「異国趣味」は異国らしい特徴を持つ物品が一つあるだけでも生じ得る。これに対して「異国情緒」は，情景全体に対して感じられることが多いのではないだろうか。情景に対して感じられる「異国情緒」は，異国らしいと思われる情景が知覚されないと生じ得ないため，異国との交流活動がほとんどなかった時代には存在しにくい。

ここで，「異国趣味」の用例を探すために再び『日本国語大辞典』に当たってみると，1921 年と 1950 年の用例が示されている。だがこのことばは，以下のようにもう少し遡ることができる。

「異国趣味」に「えきぞちすむ」と平仮名を振った使い方が，1910（明治43）年の木下杢太郎の詩集『異国情調』に収められた詩「北原白秋氏の肖像」（太田, 1910/1981）に見られる。

また，「異国趣味な」の「異国趣味」の部分に「エキゾチック」とカタカナを振った使い方が，同じく 1913（大正 2）年の北原白秋の詩「銀座花壇」（北原, 1913a）[5] に見られる。この詩の初出は 1910（明治 43）年であり（北原, 1910）[6]，初出時点との字句の違いが多々あることが指摘されている[7]。「異国趣味な」の表記は，1910（明治 43）年の時点では「Exotic な」（振り仮名も漢字も付かない）であった。白秋自身による推敲の結果，表記が変わったということも考えられるが，当時，この語の使い方や表記が定まっていなかった可能性もあるだろう。杢太郎や白秋のこれらの詩は，「異国趣味」ということばが日本で使われ始めた最初の頃の例と言えるのかもしれない。杢太郎と白秋は当時「パンの会」（後述）の仲間であり，異国らしい物に対して美的な関心を持っていたと考えられる。

▶ 異国趣味を示す諸現象

前述の用例を見る限り，「異国趣味」ということばは比較的新しい。しか

5　詩集『東京景物詩及其他』に収められている。国会図書館デジタルコレクション所蔵資料（北原, 1913a）を閲覧した。
6　雑誌『文章世界』に掲載された。
7　紅野（1985b）の解説による。

し日本では，異国の品々に興味を持ったり憧れを抱いたりする感じ方はかなり古くから存在していた。それは，「唐物」ということばの存在から推測できる。「唐物」は既に平安時代には使われていたという。

　河添（2014a, 2014b）によると，このことばは狭義には中国からの外来品や中国を経由した外来品を指すが，広義には他の国からの外来品も含む。香料，ガラス，紙，陶器などがあったという。河添は『宇津保物語』を取り上げ，この物語において香や薫物が豪華な贈答の品として用いられていることに注目している。河添（2014a）によれば，舶来品の中でも唐土の品あるいは唐土を経由した品には権威があり，権力誇示の手段として用いられたということである。『源氏物語』においては，「より和漢を融合した位相がみられる」（河添, 2014b, p.7）というものの，「ステイタス・シンボル」（河添, 2014a, p. II）としての利用もあったという。また光源氏は唐物を贈り物として活用しており，「ネットワークの再構築をはかっている」（河添, 2014a, p.83）とも言えるという。つまり，コミュニケーションの手段として役立てていたことになる。河添の指摘をふまえると，平安時代には貴族たちが異国の物に対して魅力を感じることはあっても，「美的概念」[8] としての側面より，目的達成のための手段として役立つという側面が重視されていたと推測できる。

　日本における異国趣味については，平安時代よりかなり後の1543（天文12）年にポルトガル人を乗せた中国船が種子島に漂着したことが発端としてあげられやすいようである（例えば，五十嵐, 1989）。五十嵐は，この頃から日本に広まっていったことばやものの例として，パン，てんぷら，カステラ（「あとがきに替えて」参照），金平糖，喫煙，眼鏡，時計などをあげている。また，南蛮人自体や鉄砲，キセルなどが，意匠として取り上げられたと指摘している。舶来品は人々の関心の的となり，「南蛮趣味」が広まったということである。また丹野（1995）は，当時の南蛮風の流行は特にファッションにおいて顕著であったと指摘している。丹野は，和服にギャザー風の

8　「美的概念」は，対象の属性である「美的質」を表現する概念である（佐々木, 1995, p.156）。「美的質」とは，「その刺激を反省的に捉え直したとき」（同書, p.156）に現れてくる性質とされる。中心に美が位置するが，美に限らず，優雅さ，悲しさ，けばけばしさや可愛らしさなどが含まれる。本書では，異国情緒も美的質の一種になり得ると考えている。

襟を取り付けたものや奇抜なデザインの陣羽織等を例としてあげている。

なお、「南蛮」ということばは、蔑称のニュアンスが含まれると思われがちだが、大谷によると、この語は中国語がそのまま取り入れられただけであり、日本においては蔑称ではなかった。長崎においてはむしろ身近で親しみのこもることばであったという（大谷, 2009）。

一方岩崎（1996）は、異国趣味について、対象国をより絞り込んだ説明をしている。江戸時代には蘭学の発達を下地として「阿蘭陀（オランダ）趣味」が生じたという。岩崎によると、これは、「趣味的な側面からヨーロッパの文物に興味を持ち」（p.9）、暮らしの中に取り入れたり、輸入品を模倣したりすることである。こうしたことができるのは、最初のうちは地位と財力のある人々だったが、やがて庶民にも伝わっていったということである。岩崎はそうした動向の一つの例として、1785（天明5）年刊行の山東京伝（1761-1816）の黄表紙を例にあげ、阿蘭陀趣味のみならず「中華趣味」も見られると指摘している。また、浮世絵の縁に欧文字を巡らせるといったことが行われていたことも例としてあげている。しかし浮世絵に見られる異国風の演出は正確ではなく、雰囲気のみであったとも指摘している。

更紗も江戸時代の異国趣味の例としてしばしばあげられている。佐藤（2013）は、「エキゾティックで色鮮やかな更紗」（p.14）は陣羽織にも用いられたと指摘し、その一例として江戸時代初期の儒学者山鹿素行（1622-1685）の陣羽織を紹介している。そして、「袖口にはプリーツ状の縁飾りが付き、当時の南蛮文化の流行ぶりを伝える」（佐藤, 2013, p.15）と解説している。

江戸時代における異国趣味は、京都にあった宴会場・高級料亭の角屋（現在は「角屋もてなしの文化美術館」として公開されている）にも見られた。角屋には様々な座敷があるが、その中の一つは、螺鈿の施された座敷だった[9]。この座敷には中国風の窓やギヤマンをはめ込んだ窓があった（中川, 2018）。襖の引き手や燭台にも異国風のデザインが施されており、中川（2018）はこれを「異国趣味の強い座敷」（p.1）として紹介している。この

9　角屋のパンフレット『角屋だより』に記載されている説明（中川, 2018）と、筆者が実際に確認したことに基づく。

座敷では，オランダ語が記されたワイングラスや中国の唐草文水注などが用いられ，中国やオランダの品々でもてなしをしていたことが窺われるという[10]。

　これらのことから，異国の品々への美的な関心は，「異国趣味」ということばが出現するより前から日本で広まっていたと推測できる。特に，浮世絵や黄表紙は庶民を主な購買者層としていたと考えられるため，異国らしい品々に魅力を感じる風潮は，少なくとも江戸時代にはかなり浸透していたと考えられる。ただし，浮世絵における異国風の演出は正確ではなく雰囲気を伝えるものであったという岩崎（1996）の指摘は，異国らしい事物に対する当時の人々の反応が「美的経験」と言えるものであるか，心地よさに近い表層的な快楽であるのかを考えるうえで重要と思われる。なお本書では，美学における佐々木（1995）の「美的体験」（aesthetic experience）の定義に従って「美的経験」の概念をとらえる。美的経験とは，知覚対象の「感覚的な美質を味わい」（佐々木, 1995, p.227），「絶えず意味を探求し，さまざまな解釈の可能性を比較考量しつつ，全体の思想を把握するという」（同書, p.227）プロセスを指す。

　一方，加藤（1949/2009）によれば，文明開化は当事者にとって趣味の問題ではなく，その時代が去り，日本の近代化がある程度進んでから審美眼の対象となったということである。そして，そのようになったのは，木下杢太郎（後述）が異国趣味を持った時代であるという。このとらえ方に従うと，異国趣味が情趣の一種になるのは木下杢太郎の時代以降ということになる。

　なお，本書では異国情緒が人々に意識されるようになるより前から存在していた指向性として異国趣味をあげたが，異国趣味が異国情緒に取って代わられたわけではない。異国趣味の概念は，言うまでもなく現在でも存在する。また，「異国情緒」に「異国趣味」が先行するのは，英語や仏語において"exotic"が"exoticism"に歴史的に先行することと本質的には同じであろう。この点については，「エグゾチシズム」と「エグゾチスム」について検討する3節で改めて述べる。

10　これは，七代目当主の実弟が，1808（文化5）年まで8年間にわたり医学の修得のために長崎に留学していたことによる（中川, 2018）。

(2) 第2期 「異国情調」の時代[11]（1900年代後半から1930年代半ばまで）

▶ 異国情調ということば

「異国情緒」という語の出現より前に，この語と同じ意味で使われていたことばに「異国情調」がある。本章の冒頭で述べたように「異国情緒」という語に含まれる「情緒」は感情という意味ではないのであるから，情調とする方が適切であるように思える。『日本国語大辞典』には，1919（大正8）年と1933（昭和8）年の文学作品における用例があげられている。1919（大正8）年の用例は有島武郎の『或る女』である。この作品の中に「異国情調の豊かな贅沢品を見ると，」（有島，1919/2013, p.41）と記された部分がある。この例では，「異国趣味」と同様に，物に対してこのことばが用いられていることがわかる。しかしこのことばは，以下に見ていくように，情景に対して使われることが多かったように見受けられる。

「異国情調」という語はどこから生じてどのように使われていたのだろうか。野田（1949/1984）によると，「異国情調」ということばは，木下杢太郎（以下では「杢太郎」と記す）が作ったのであり，1907（明治40）年頃までは使用されていなかった[12]。しかも，大正以後は見られなくなっているという。野田の説明は，明治末期頃から「情調」という語が好んで使われたという前述の大谷（2009）の説明とも整合性がある。

野田は「異国情調」という語について，以下のように説明している。ここで「ムウド」と書かれているのは英語の"mood"のことである[13]。英語の"emotion"との違いを述べる文章に続く文である。

> ムウドに相当する言葉として緒の代りに調の字をはめて「情調」としたのが木下杢太郎であった。エキゾチシズムは異国情緒ではなくて，異国情調である。（野田，1949/1984, pp.5-6）

[11] この箇所の記述は美学会における発表（牧野，2019b）に基づいている。

[12] 中国語において「異国情緒」に相当することばは「異国情調」だが，木下杢太郎の「異国情調」は中国語に倣ったものではないと思われる。

[13] 心理学の分野では，"mood"はしばしば「気分」と訳されるが，野田の言う「ムウド」は，気分ではなく，場面や状況の全体的な雰囲気を指していると思われる。

　この説明から読み取れるのは，異国情調ということばは，異国らしさが醸し出す雰囲気や味わいを指しているということである。異国らしさを持つ事物に対して生じる感情を指しているのではないため，野田は「情緒」より「情調」がふさわしいととらえたのだろう[14]。

　杢太郎は，本名太田正雄（1885-1945）という医学者だが，文筆家でもあり，「パンの会」の発起者でもあったという（野田, 1949/1984）。野田によれば，この会が発足したのは1908（明治41）年である。「パンの会」の「パン」とはギリシャ神話のことばであり，牧羊神の名である（野田, 1949/1984）。野田は，この会について，欧化主義の文芸運動であり，エキゾチシズムの運動でもあったと記している。パンの会には，詩人・画家・作家・彫刻家・評論家・演劇家が参加していた（野田, 1949/1984）[15]。

　野田によると，パンの会の結成に先立ち，白秋や杢太郎たち5人の青年詩人が1907（明治40）年に九州旅行に出かけたことが異国情調文学の前提となった。この旅行の行き先には長崎や天草島が含まれており，この旅行が「南蛮文学」の源泉になったという。彼らのうち特に杢太郎は，「『南蛮趣味』を異国情調の運動まで発展せしめた」（p.18）と野田は論じている。また中村（1998）は，この旅行が，明治維新後の西洋文明導入以前の西洋文明移入への新たな関心を当時の新しい文人たちに喚起する契機になったと論じている。

　当時の文学界における南蛮熱については，「珍奇な歴史的風俗再現であり，当時の南蛮屏風の文学的解説以上には出なかった」（中村, 1998, pp.120-121）というとらえ方がある。中村は白秋の南蛮趣味に基づく詩集『邪宗門』について，「メロディアスな言葉の旋律の魅力だけで，新しい詩境を拓いたのではなかった」（p.132）と指摘している。これと共通するとらえ方が河盛（1968a）の論考にも見られる。河盛は，明治末期の杢太郎や白秋の南蛮趣味について，学問的でも考証的でもなく，専ら語彙を集積したものであった

14　「情緒」が雰囲気を意味することもあるため，実際には両者を明確に区分することは難しいが，「情調」が感情を意味することはないため，雰囲気を意味する語としては「情緒」より「情調」の方がふさわしいと考えたと思われる。

15　野田によれば，パンの会の主導者は杢太郎と白秋であり，谷崎潤一郎や高村光太郎もこの会に加わっていたということである。

と論じている[16]。しかし河盛（1968b）は，杢太郎の南蛮趣味の詩に関しては，「作者自身の告白する如く，南蛮語彙の集積かもしれない」（p.103）と論じつつも，「南蛮紅毛趣味を生み出し，そこの異国情調を発見したことは杢太郎のすぐれた独創性を示すもの」（p.103）とも論じている。また，川本（2012）は，中村のとらえ方を受け入れつつも，「珍奇な言葉，イメージを繰り出してゆくことが真骨頂なのである」（p.97）と考え，文学的価値を見出している。

　河盛（1968b）や川本のとらえ方は，異国情調が意味するものを考えるうえで重要と思われる。文学における一つのジャンルを生み出したということは，当時の文人たちの異国らしさへの指向性が，表面的な模倣にとどまらず，より深いレベルでの美的経験へとつながっていったと考えられるためである。文人たちの南蛮熱を表面的なものとしてとらえた前述の中村もまた，パンの会は日本の文壇に，「官能の肯定や，芸術的形式美への憧れや，理想主義の新しい風を吹き入れる役割を果たすことになる」（p.136）と論じ，その存在を評価している。

　本書では，野田や川本の見解に従い，当時の文人たちによる異国らしさの表現を，「南蛮屏風の文学的解説」（中村，1998, pp.120–121）以上のものととらえる。白秋や杢太郎たちの九州旅行が明治維新以前の西洋文明導入への関心を育んだという点（中村，1998）も，当時の文人たちの異国らしさの表現を，歴史をふまえた深いものにしたのではないだろうか。とはいうものの，全てが美的に深いレベルに達していたという保証はない。当時の異国情調について検討する際には，表面的なレベルにとどまる要素が含まれる場合があるということに，注意を払う必要があるだろう。

▶ 異国情調と懐かしさのつながり

　当時の異国情調は，江戸時代への指向性ともつながっていたようである。パンの会では，江戸情調や浮世絵趣味も求められたという。この現象について野田は，パンの会の会員たちは，異国人が珍奇な目で見るのと同じように

16　河盛（1968a）の見解は，司馬氏（1983/2009; 第 5 章参照）が，南蛮紀行の著作「ポルトガル・人と海」の中で取り上げている。

古い東京を眺めていたと指摘している。川本（2012）と菅原（2016）も，木下杢太郎がフランス経由で江戸情調に関心を持ったと指摘している。

　しかし自国の過去への思慕は，異国人の視点を取らない限り異国情調とは共存しないというものでもないようである。菅原は，東西の文化に関する杢太郎のとらえ方を論じるにあたり，評論家加藤（1949/2009）による杢太郎論を紹介している。加藤は，杢太郎にとって，懐古趣味と異国趣味が長崎で溶け合っていたと指摘している。しかもこれは，ヨーロッパにおいてロマン派に見られた現象と同様であるという。

　加藤の指摘に基づけば，懐古趣味と異国趣味は，元来結びつきやすい部分を持っているのではないかと考えられる。この問題については，本書では異国情緒とノスタルジアの関係を論じる際に再び取り上げることとする（第2章参照）。

▶ 異国情調の概念に潜む哀感

　杢太郎が考える異国情調とはどのようなことばだっただろうか。1910（明治43）年の詩集『異国情調』（前述）に収められている「『異人館遠望の曲』の序」の一部を見てみたい。以下に引用するのは，横浜の異人館居留地が見える情景を描写した詩である。これは，本書で見つけた「異国情調」の用例のうち，最も古いものである。

> 桜の花の間から紅い煉瓦の異人館が見える。
>
> いま落日は金色にくわつとばかりに居留地の
> 屋根といふ屋根，窓のびいどろ，
> また『コンシユル館』三階の望棲の上の米利堅の
> 赤の号旗に降りそそぐ。
> 沖の蒸気に降りそそぐ。
>
> ……（中略）……

15

その狂乱の大海の色，酒，女，ぎやまんの
そのぎらぎらの揺蕩の地平の果に
いつしかに紫の夕陽は沈み，ほのぼのと

桜の花の間から紅い煉瓦の異人館が見える。

（太田，1910／1981，pp.163-166）

　この詩は，一見きらびやかな西洋らしさが描き出されているように思える
が，最後に「果」や「沈み」といったことばが用いられている点に注目した
い。この詩の跋文にも，春の宵の雑踏の中で悲しい心持ちになったと書かれ
ている。異国らしいと感じつつも，作者の心情に哀感が混ざっていたことが
わかる。

▶ 広告に見られる異国情調

　異国情調ということばは文人たちに限らず，旅行広告においても使われて
いた。広告に目を向けることは，前述のように江戸時代の浮世絵に目を向け
ることと同様に，一般市民に浸透していたことを知るうえで重要と思われる。
　杢太郎の詩よりやや時代が下るが，図1.1 は，1924（大正13）年の6月
に，日本旅行文化協会（後に JTB と合併）の雑誌『旅』に掲載された近海
郵船株式会社の広告である[17]。『旅』は，この年の4月に創刊されたばかりの
新しい雑誌であった。機関誌としてスタートしたため当時は市販されていた
わけではないが，発足した年のうちに会員数は約1,000名になっていた（日
本交通公社　社史編纂室，1982）[18]。この広告では，樺太，小笠原，台湾，天
津・北京への船旅について，それぞれ短いコピーを添えてアピールしている
が，天津については「異国情調は　天津より北京へ」と書かれている[19]。異

17　公益財団法人　日本交通公社　旅の図書館の「デジタルコレクション」のデータベー
　　スを用いて調べた。他の号についても，同データベースを用いて調べた。
18　『旅』の発行部数は，1935（昭和10）年度末には年間24万部になっていた（日本交
　　通公社　社史編纂室，1982；赤井，2008）。1949（昭和24）年9月号以降は市販の旅行
　　雑誌であり（日本交通公社　社史編纂室，1982），2012年3月号まで発行されていた
　　（日本交通公社「旅の図書館」でお伺いしたお話による）。

図 1.1　『旅』1924（大正 13）年 6 月号に掲載された船旅切符の広告
　　　　（近海郵船株式会社）

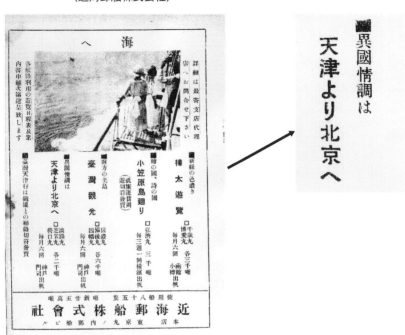

出所：日本交通公社「旅の図書館」所蔵，近海郵船株式会社より許可を得て掲載。

国情調を満喫するには，まずは天津まで船で行き，そこから北京まで移動す
るとよいというアピールであろう。このコピーの『旅』における初出はその
一か月前の 5 月号だが，このときは写真無しの広告であった。続く 7 月号，8
月号には，その変形と言える「異国情調漲る　天津より北京へ」というコ

19　森（2010）は，『旅』は国内旅行のみならず海外旅行も勧めてきたと指摘している。
　　特に，「外地の特集は戦前に何度も組まれていた」（p.74）という。『旅』が創刊された時
　　代には，日本は，台湾，朝鮮，租借地の関東州（満州），委任統治地の南洋諸島を事実上
　　統治していたため，これらの場所への旅行が可能であったと森は説明している。当時は
　　「海外の事情を知ることが重要」（同書，p.72）と考えられていた。しかし，だからといっ
　　て情報収集だけに徹することが奨励されたわけではなかったのだろう。本書で紹介して
　　いくように，広告を見る限り，情趣がアピールされていたことが読み取れる。このこと
　　は，杢太郎の時代以降に文明開化が審美眼の対象となったとする前述の加藤（1949/
　　2009）の指摘とも整合性がある。

ピーが入っている[20]。昨今は，異国情緒について「漲る」という表現は使わないように思えるが，いかにも異国らしい雰囲気が情景全体に漂っていると理解すればよいだろう。

このほかに，「南国の情調」について記した広告もある。台湾総督府鉄道部の広告（図 1.2）である。『旅』の 1924（大正 13）年の 7 月号以降 1928（昭和 3）年の 4 月号まで同雑誌に頻繁に掲載されていた[21]。「名勝案内」の箇所のボディコピーには，「台湾は南国の情調を味ふに最も相応しい処」と書かれている。「異国」という語を含んでいないものの，南国らしい情調をアピールしているのであるから，異国情調の概念に含まれる[22]。

なお，『旅』の 1935（昭和 10）年 9 月号には，「ブダペシュトの秋調（しうてう）」と題する記事（外山（高），1935）が掲載されている。ここで用いられているのは「情調」ではなく「秋調」だが，ブダペストの秋の情調を記しているのであるから，これもまた異国情調の一種と言える。外山（高）によると，ハンガリーの人々が飲食するときに聴くのは「漂浪（へうらう）の楽人（がくじん）チガン」（p.32）による「哀調」（p.32）のある演奏である。

この記事からは，異国情調と哀感との結びつきが示唆されていると言えるだろう。これは，「異国情調」に関する杢太郎の詩（前述）に哀感が伴っていたことと共通する。

(3) 第 3 期 「異国情趣」の時代（主として 1910 年代後半から 1940 年代前半まで）

「異国情調」が使われ始めて少し経った頃には，「異国情趣」ということばも使われていた。この語は用例が少なく，『日本国語大辞典』や『大辞泉』

20　同年 9 月号，10 月号，12 月号にも近海郵船株式会社の広告が『旅』に掲載されていたが，異国情調をアピールする広告ではなかった。

21　公益財団法人　日本交通公社　旅の図書館の「デジタルコレクション」のデータベースを用いて検索したところ，1924 年 4 月号と同年 6 月号を除く全ての号にこの広告が掲載されていた。1924 年 11 月号以降は，同年 10 月号までとはボディーコピーの改行場所が異なるが，中身は同一である。

22　1928 年 5 月号以降も台湾総督府鐵道部の広告は『旅』に掲載されているが，情調ではなく気候の快適さをアピールするコピーが用いられている。

図1.2　『旅』1924（大正13）年7月号に掲載された台湾旅行の広告
　　　　（台湾総督府鉄道部）

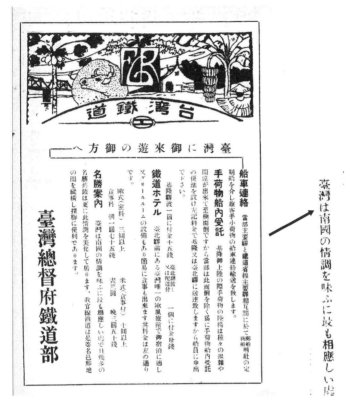

出所：日本交通公社「旅の図書館」所蔵，権利者不明。

には取り上げられていないが，実際に使われていた例を見る限り，「異国情調」と同様の意味を持っている。

　例えば北原白秋は，1916（大正5）年に「雪と花火余言　東京景物詩改題に就て」（北原，1916/1985b）と題する文章の中で，白秋たちが発行した雑誌について，「都会趣味と異国情趣を基調とした雑誌」と記している[23]。白秋は，杢太郎とは「パンの会」の同世代の仲間であったのだから（川本，

23　白秋，杢太郎，長田秀雄が発行した雑誌『屋上庭園』のことである。

2012），ことばの使い方に大きな違いがあったとはあまり考えられない[24]。したがって，白秋の「異国情趣」は杢太郎の「異国情調」とほぼ同義のことばとして用いられていたと推測できる。

1928（昭和3）年には，新村が『異国情趣集』という題名の書物を出版している。例言には，「近世初期このかた明治以前の異国趣味並に異国事物に関する俳句と和歌と俚謡」（新村，1928, p.1）を抄録したものであると書かれている。

『旅』に掲載された記事の中にも，異国の「情趣」を描写したものがある。それは，1935（昭和10）年10月号に掲載された台湾に関する記事（豊島，1935a）である。「のんきな台湾情趣」というタイトルがつけられ，台湾に行くと見ることのできる水牛についてイラスト入りで書かれている。水牛は，自分が見つけたエサをカラスに横取りされているが，怒りもせず，のんびりとしている。空には太陽が輝いている。

その後の用例としては，訳本をあげることができる。平野威馬雄氏は1943（昭和18）年に，ベルジュ編著の *Exotismes*（F. Berge and A. Berge, 1924）を『異国情趣』と訳した書籍を刊行している。なお，原書タイトルが複数形（s）になっているのは，対象となる国々が多様であるためではなく，そうした国々に対して生じる感情が多様であることによっているという。

「異国情趣」ということばは，当時でも浸透するというほどには広まっていなかったように思われるが，消え入ってしまったわけではなく，近年でも希に使われることがある。例えば，長崎の異国情緒に関する著作に，前述の大谷（2009）による『異国往来長崎情趣集』がある。「情趣」自体は現在でも使われることばであるから，今日「異国情趣」の用例があっても不思議ではない。

24　ただし，後に杢太郎はパンの会や詩集をつまらなく感じるようになったと加藤（1949/
　2009）は論じている。河盛（1968b）も，杢太郎は南蛮情調の詩興にとどまってはいなかったと論じている。

(4) 第4期 「異国情緒」の時代 (1930年代後半以降現代に至る)

▶「異国情緒」の出現と浸透

先に，『旅』に掲載された「ブダペシュトの秋調^{しゅうてう}」という記事を紹介したが，この記事が掲載された1935（昭和10）年は，異国情調ということばが異国情緒へと変わっていく過渡期であったと推測できる。前述の通り1930年代前後には「異国情趣」も使われるようになっていたため，異国情緒関連の複数のことばが混在していたと考えられる。異国らしいものへの人々の関心が増していった時代だったのだろうか。

「異国情緒」の初出を突き止めることができていないが，1939（昭和14）年には，同じく『旅』の誌上で「異国情緒」というタイトルのグラビア記事が組まれている。そしてこの記事では，哈爾賓（ハルビン）と新京（当時の満州国の首都）の街の様子や人々の様子が写されている。

しかしこの後，1943（昭和18）年8月号をもって『旅』は休刊となり，1946（昭和21）年10月号で復刊した（森，2010）。

1950年代になると，「異国情緒」ということばはすっかり定着しているように見える。引き続き『旅』の記事に当たっていくと，1955（昭和30）年12月号に映画監督豊田四郎氏による「九州西海岸の異国情緒」という記事（豊田，1955）があることがわかる。この中で豊田氏は平戸について，「阿蘭陀塀や，阿蘭陀井戸に異国情緒」（p.25）があると感じ，旅館で平戸島の歴史を聞くのも趣があると記している。

同誌1956（昭和31）年10月号には，作家劉寒吉氏による「―対馬の港町―厳原^{いずはら}の異国情緒」という記事（劉，1956）がある。城下町だったが城址には石崖が残っているだけであり，「その石崖に秋の陽があたっているのは，はかなく，わびしい眺めだった」（p.47）という。本書では先に「異国情調」に哀感が伴いやすいことを指摘したが，劉氏の記事からは，「異国情緒」にもまた哀感が伴う場合があることがわかる。

「異国情緒」は，同誌の1959（昭和34）年2月号にも見られる。この号には，詩人藤浦洸氏による「異国情緒につかる平戸―わが故郷を語る―」（藤浦，1959）という記事が掲載されている。熱帯植物があることや，オランダ人が築いた燈台があることなどが書かれている。ただし，平戸出身の藤浦氏

から見れば「生活のかたわらにころがっていた風景」(p.33) が旅人には強い印象を与えていたり，自身にとって懐かしい風景に旅人が特に関心を持たなかったりするということである。これは，異国情緒の相対性の問題（後述）とかかわってくる。

また，これらの記事からは，「異国情緒」ということばが広まっていることがわかるだけでなく，映画監督，作家，詩人といった，情趣に敏感と思われる人々が「異国情緒」の概念を積極的に取り入れていることも読み取れる。

その後今日に至るまで，異国らしい要素を持つ場所の記述や旅行案内等に「異国情緒」ということばはしばしば使われている。特に，小樽，神戸，長崎，函館，横浜等の港町の説明に用いられることが多いように思われる。

例えば，1963（昭和 38）年に刊行された長崎観光のガイドさん向け手引書（久谷, 1963）には，「異国情緒」ということばが三度使われている。

一つ目は，まえがきに見られる。この手引書を熟読すると，「異国情緒の観光ムードが，より一層魅惑的になると思います」と書かれている。

この語の二つ目の使用は，長崎全体を紹介する以下の箇所に見られる。これは，ガイドさんによる自己紹介に続くセリフである。

　　　ゆく春の長崎かなし阿蘭陀の船のはこびし夢やいづこに

　　吉屋信子女史の歌でございます。
　　長崎は室町時代の末から徳川時代の末まで，三百年近くの間わが国で唯一の西欧文化輸入地として栄えてまいりました。それだけに異国情緒の香り高いかずかずの名所，旧蹟をもっております。（久谷, 1963, p.1）

ガイドさんのセリフに歌の解説はないが[25]，紹介された歌には過ぎ去った時代への思慕と哀感が伴っていることが窺われる。

三つ目の使用は，年中行事の紹介の中の「おくんち」の箇所に見られる。

25　作者の吉屋信子氏（1896-1973）は作家であり，短歌，俳句も詠んだ。

「異国情緒あふれる」（p.59）様々な奉納踊りがあるという。

　また，三年後に増補再版された同ガイド（久谷, 1966）には1965（昭和40）年に開館した「唐人館」[26]の案内が含まれており，次の説明が書かれている。

　　　　場所は，市内松ヶ枝町の海岸通りに面し，内部装飾はすべて中国ムードにあふれ，如何にも異国情緒長崎にふさわしい建物であります。（久谷, 1966, p.69）

　当時の観光客は，ガイドさんのこうした説明を聞きながら長崎の異国情緒を満喫していたと推測できる。

　近年も，長崎の特徴を説明する際には「異国情緒」ということばが使われている。図1.3は，長崎県の情報誌，『ながさき「にこり」』の2018（平成30）年12月号（第41号）に掲載された記事である。

　この記事には「長崎で異国を旅する」という見出しが掲げられ，本文には次のように書かれている。

　　　　……長崎は異国情緒にあふれている。しかもその異国は一国ではなく，実に多彩。県内のそれぞれの土地には，様々な国との深い歴史が存在し，今も数多くの物語が眠っている。（p.2）

　ここで押さえておきたいのは，長崎において感じられる異国情緒は，一国らしさにとどまらず複数であるという点と，それらの異国らしさが長い歴史に根差しているという点である。これらのことは，異国情緒とは何かを考えるうえで重要と思われる。

　「異国情緒」は，場所の説明や旅行ガイドにとどまらず，商品をアピールする際にも使われている。横浜も，異国情緒ということばを用いた説明がなされやすい場所だが，このことを前面に打ち出した商品もある（図1.4）。

26　現在は，長崎孔子廟・中国歴代博物館になっている（元館長の藩秀貴先生よりお伺いしたお話による）。

図 1.3　長崎県情報誌『ながさき「にこり」』掲載記事 pp.1-2

出所：長崎県広報課（2018），長崎県ながさき PR 戦略課より許可を得て掲載。

　「横濱珈琲物語　異国の情緒」という名前がつけられており，かつての横浜らしい風景のイラストが描かれている。「濱」や「珈琲」という漢字とともに，レトロな雰囲気を消費者に伝えていると思われる[27]。

　もっとも，「異国情緒」という語は，国内のレトロな西洋風の情景を表す時ばかり使われているのではない。一つの試みとして，「異国情緒」をキーワードにして近畿日本ツーリストの旅行案内のウェブサイトを検索すると[28]，長崎や神戸のほかに，台湾の高雄やモロッコが表示される。ただし，高雄やモロッコに関しては，異国情趣をアピールしていた広告に見られたような，日本とは異なる魅力を示しているというより，多文化が融合した異国の魅力

---

[27]　実際には，必ずしも「珈琲」という漢字が用いられていたわけではなかった。他の漢字が当てられる場合もあれば，「コーヒー」，「コオヒイ」，「カヒー」と表記される場合もあった。このことは，清水（1991）『珈琲』所収の多数のエッセイを見ると確認できる。

[28]　近畿日本ツーリストのウェブサイトにアクセスし，サイト内検索を行った。

図1.4 異国情緒を前面に打ち出した商品の例
（三本珈琲「横濱珈琲物語 異国の情緒」パッケージ）

出所：著者撮影．三本珈琲株式会社より許可を得て掲載。

を示しているようである（第2章参照）。かつての台湾旅行広告では専ら南
国の情調がアピールされていたため（図1.2），強調される特徴が，時代に
よって少し異なるということもわかる。さらに細かく検索していくと，高雄
についてはイギリス式のティールームがある旧英国領事館が紹介されてお
り，モロッコについてはヨーロッパとアラビアの雰囲気が漂うと記されてい
る。ただしモロッコの案内には，「エキゾチック」（後述）ということばも用
いられている。

海外旅行の案内書はどうだろうか。マレーシアにおけるペナンの旅行ガイドブック（羅針編集部, 2017）では,「異国情緒」ということばが用いられている。「異国情緒たっぷりのお買い物」（p.119）,「さまざまな民族が居を構えた異国情緒あふれる閑静な裏通り」（p.136）といった具合である。「エキゾチック」（後述）も用いられている。またこのガイドブックには,「古きよき時代へと誘う」（p.91）,「ノスタルジックな風情」（p.117）といった記述や,「楽しいなかにも哀感がただよう」（p.48）,「そこはかとない哀感」（p.102）といった記述が見られる。前述の異国情調と同様に, 異国情緒もまた, 哀感やノスタルジアとつながりやすいことが窺われる。

(5)「エキゾチック」の時代（1930年代半ば以降現代に至る）

「エキゾチック」というカタカナことばは, 1935（昭和10）年の『旅』11月号に見られる。「台湾の横顔」という記事の中で,「エキゾチックなジャンク船」（豊島, 1935b, p.10）という表現が用いられているのである。しかし,「異国情緒」が浸透していったと思われるのは1950年代である。その後,「エキゾチシズム」（あるいは「エキゾチズム」）も広く使われるようになったと推測できる。これらは, 英語の"exoticism"および仏語の"exotisme"に対応する語だが, 完全に一致するわけではない（後述）。ここで取り上げるのはあくまでも日本におけるカタカナ語である。

再び『旅』を参照すると, 1953（昭和28）年8月号には,「エキゾチックな港町―佐世男, 佐世保へゆく―」（小野, 1953）という小説が掲載されている。もっともこの小説で描き出されているのは佐世保のキャバレーの様子であるため,「情趣」と呼べるものとはいささか異なるように思われる。

しかし1959（昭和34）年2月号には,「天草は異国の香り」と題する記事（戸塚, 1959）があり, 天草へと旅に出かけると, 平凡な田園風景の中に突然天主堂の十字架が見えてはっとすると書かれている。これはやがて自然なものに見えてくるとのことだが, 最初の驚きは「エキゾチックと見た旅人の驚き」[29]と表現されている。ここで用いられている「エキゾチック」は, 情

---

29 グラビアページであり, ページ番号は存在しない。

趣を表していると考えられる。

　また，同誌 1960（昭和 35）年 4 月号には「日本で味わう異国情緒」の特集が組まれているが，その中には，画家宮田重雄氏による「エキゾチズムを求めて長崎へ」という記事が含まれている。宮田氏は，学生時代にも長崎に行ったことに触れ，長崎の洋館に明治期のエキゾチズムが残っていることに喜んだと記している。

　「異国情緒」の用例をあげる箇所で紹介した長崎のガイドさん向け手引書（久谷, 1963）にも「エキゾチック」の語が見える。大浦天主堂からグラバー邸までの説明の箇所である。「居留地情緒」とも記されているため，「異国情緒」と同様の意味で用いられていることがわかる。このエリアは，外国人の居留地であったことから「エキゾチックな匂い」（p.31）が濃いという。また，「中央の画家たちが『華麗な哀愁を帯びた場所』として最も好んでいるところ」（p.31）であるという。

　ここで改めて気づくのは，エキゾチックであることもまた，哀愁を帯びることにつながり得るということである。

　「エキゾチック」という語は，その後も広く使われている。1984（昭和59）年には，国鉄[30] が「エキゾチック・ジャパン」というキャンペーンを実施した（日本国有鉄道, 1984）。これ以前に展開された「ディスカバー・ジャパン」のキャンペーンを掘り下げる新しい視点からの旅の提唱ということである[31]。このキャンペーンでは，五木寛之氏（第 5 章参照）作のコピーが用いられた。以下はその一部である。

　　　高野山でインドの神々と出会った。祇園祭りの山鉾にペルシャの絨毯を見た。べんがら格子の朱はベンガル湾の夕焼けの色なのだ。長崎のざぼん売りはポルトガル語の訛り。……（以下，略）（五木（作），日本国有鉄道, 1984, p.16）

30　JR が民営化する前の組織である。
31　このキャンペーンについては，日本をエキゾチックにとらえるという点で倒錯していると指摘する論考や，歪みを示していると指摘する論考がある。だが本書では，五木氏の広告コピーに見られるように，このキャンペーンの主眼は日本の中の異国要素の発見あるいは国際色豊かであることの発見であると見ており，倒錯や歪みを示しているとはとらえていない。

このコピーでは，日本の中にある異国風の事物への気づきが取り上げられているが，気づいて終わりというわけではない。これに続く箇所に，「刺戟的」，「どきどきする」ということばも用いられており，哀感とは別種の感情経験が生じることが読み取れる。

「エキゾチック」は，近年でも引き続き使われている。例えば，阿部（2017）の長崎のガイドブックでは，外国人居留地だった場所を紹介する箇所に，「エキゾチックな教会と洋館めぐり」（p.28）と記されている。そしてこのエリアの「ノスタルジックな街並み」（p.24）を散策することが勧められている。ただしこのガイドブックでは，「異国情緒」という語も使われている。例えば，「クラシカルな洋館や教会を訪ね歩くと異国情緒あふれるステキな建築美に思わず心が踊ります」（p.4）という文章がある。

これらの紹介からは，「異国情緒」が「エキゾチック」であることと同様の意味で用いられること，そしてこれらが，ノスタルジアと結びつきやすいことが窺われる。

また「エキゾチック」は，「異国情緒」と同様に，国内のみならず，海外の場所の記述にも適用される。ここで再びペナンのガイドブック（羅針編集部, 2017）を参照すると，「海峡植民地で育まれたエキゾチックな独自の文化」（p.62），「中国人の前をサリー姿のインド系マレーシア人が行きかうエキゾチックな光景に出会える」（p.107）といった記述がある[32]。海外の場所を描写するときの「エキゾチック」は，海外の場所を描写するときの「異国情緒」と同様に，複数の文化が融合している情景の記述に用いられやすいということが窺われる。そして「エキゾチック」が異国の説明に用いられる場合もまた，哀感やノスタルジアとしばしば結びつくということもわかる。

2 節 「異国情緒」の歴史的変遷が意味するもの

本節では，日本における異国情緒の概念の歴史的変遷を四つの時期に分けて概観してきた。では，この変遷が意味しているのはどのようなことなのだ

---

32 「異国情緒」と「エキゾチック」は，現在，厳密には区別されていない。ペナンのガイドブックでは，「異国情緒」と「エキゾチック」の両方が用いられている。

ろうか。

　まず，現象として異国趣味が存在していたものの異国趣味や異国情緒を表すことばがなかった時代から「異国情調」が出現するに至るまでの変化は，異国に対する魅力が，物珍しさを中心としていた時代から美的なものへと変化したことを意味しているのだろう。美的経験という観点からとらえれば，美的と言えるかどうかわからなかったものが美的なものへと，言わば「昇格」したと考えられる。これは，杢太郎の時代から，異国らしいものが審美眼の対象になったという加藤（1949/2009）の指摘に見られる通りと思われる。だからこそ作家や芸術家たちの作品の源泉ともなったのだろう。しかし，そうであれば「異国情調」の概念が誕生してから後は，この概念は変化しなくてよいはずである。その後の「異国情緒」への移り変わりや，カタカナ語「エキゾチック」の出現および浸透は，何を意味しているのだろうか。

　推測の域を出ないが，この変化には大きく次の二つの理由があると考えられる。

　第一は，ことばのなじみやすさである。「異国情調」はいささか格調高い響きを持つのではないだろうか。そのため「異国情調」より「異国情緒」の方が，なじみやすく気楽に使えるということがあったのではないだろうか。「異国情緒」は，「下町情緒」や「江戸情緒」と同じように，文学作品にも使われる一方で，日常的な会話の中でも使われやすい。文人や芸術家の用語ではなく広く一般に受け入れられるためには，こうしたなじみやすさも必要と思われる。1930年代を中心として用例が見出される「異国情趣」が後々まで定着しなかったのも，同様の理由によるのではないだろうか。

　第二は，ことばの新奇性が持つ魅力である。「エキゾチック」は，「異国情緒」がすっかり定着したあとに，新鮮なことばを打ち出す必要性から広まったのではないだろうか。特に，国内における「異国情緒」は，明治期の港町の西洋風の情景の描写に多く用いられてきたため，その後の時代の多様な異国の魅力を感じさせることばとして，「異国情緒」以外のことばが求められたのかもしれない。1984（昭和59）年に展開された国鉄のキャンペーンが「異国情緒」ではなく「エキゾチック」ということばを用いたことも，このように考えれば説明できる。

　ただし，先に紹介した長崎のガイドブック（阿部，2017）や近畿日本ツーリストのモロッコの案内では，「異国情緒」と「エキゾチック」の両方が用いられていた。明確な線引きはなされていないのが現状なのだろう。また，大自然を満喫できるような場所については，異国であっても，「異国情緒」も「エキゾチック」も用いられないようである。近畿日本ツーリストの旅行案内でも，カナディアンロッキーやナイアガラの滝の案内，オーロラ観測の案内等には，どちらのことばも見られないようである。これらのことばが使われるのは，人間の生活の営みがある場所に限定されるのであろう。

3節 「異国情緒」と「エグゾチシズム」・「エグゾチスム」

(1) 「エグゾチシズム」・「エグゾチスム」ということば
▶「エグゾチシズム」と「エグゾチスム」

　日本語の「異国情緒」は，辞書においては，英語の"exoticism"（以下では「エグゾチシズム」）と"exotic"（以下では「エグゾチック」）や，フランス語の"exotisme"（以下では「エグゾチスム」と表記する）と"exotique"（以下では「エグゾチック」）に対応することばである。木下杢太郎や北原白秋が「異国趣味」に「エキゾチスム」や「エキゾチック」という振り仮名を振っていたことも（本章1節参照），「異国情緒」関連のことばとの対応関係を表している[33]。

　ただし，対応するといっても完全に一致するわけではない。「エグゾチシズム」や「エグゾチスム」の特徴を理解し，日本語の「異国情緒」との共通点・相違点を明らかにすることは，「異国情緒」に関する理解を深めることになると考えられる。

　これらの英語・フランス語については，これまでに木下（誠）（1995）と

---

[33] 「グ」とすべきところを「キ」と表記することについて吉沢・石綿（1979）は日本風に訛っていると説明している。本書では，「キ」を含む「エキゾチック」と「エキゾチシズム」を日本で用いられているカタカナ語として扱い，「エグゾチシズム」を，英語をカタカナで表記したものとして扱い，「エグゾチスム」を，フランス語をカタカナで表記したものとして扱う。また「エグゾチック」を，英語およびフランス語をカタカナ表記したものとして扱う。

大平（2008）が検討しているため，まずその内容を紹介する。

　木下（誠）（1995）は，セガレンの『〈エグゾティスム〉に関する試論』（後述）の「訳者解説」において，フランス語の「エグゾチスム」（エグゾティスム）と「エグゾチック」（エグゾティック）について詳しく説明している[34]。

　木下（誠）は，フランスの19世紀の辞書を参照し，「エグゾティスム」のもとになった形容詞「エグゾチック」の初出は1548年であると記している。「港の市場に並んでいた異国の 商品の数々」という表現において用いられた』（p.346，フリガナも木下（誠）による）という。そして以下のように続けている。

　　　　この用法でもわかるように，「エグゾティック」という形容詞はもっ
　　　ぱら植物や動物，商品を形容して「その国で産出しない」という意味
　　　で用いられた。その反対語はしたがって「土着の」（indigene）であ
　　　る。その後，十七世紀と十八世紀にフランスが海外に膨張してゆくに
　　　つれ，この語は特に「植民地の」という意味で用いられるようになり，
　　　動植物から食物や産品まで広く形容するようになった。十九世紀にな
　　　ると「エグゾティック」という語は概念化され抽象度を増したようで
　　　ある。……（中略）また，「エグゾティックなもの」（l'exotique）と
　　　いう言い方も，十九世紀の後半になると現れ，同時にそこから「エグ
　　　ゾティスム」という語が生まれたと考えられる。「エグゾティスム」
　　　の初出は一八四五年である。（木下（誠），1995，pp.346-347）

　大平の説明も木下（誠）の説明とほぼ同様である。大平はフランス語の辞書を参照し[35]，「エグゾチスム」は，「エグゾチック」から派生した語であり，フランスでは，「ルネッサンス文学の作家ラブレーが『〈異国の〉商品の数々」

34　木下（誠）は，「エグゾティスム」，「エグゾティック」と表記しているが，本書では
　　表記を統一させるため，「エグゾチスム」，「エグゾチック」と記す。ただし抜き書きの箇
　　所は本文のまま表記してある。
35　『リトレ』や『グラン・ロベール』があげられている。『グラン・ロベール』は本書で
　　参照した辞書（後述）と同じものと思われる。

という表現において用いたのが最初（1548年）である」（pp.196–197）と
説明している。ただし当時はその国で産出しないことを意味していたとい
う。そして，17世紀，18世紀になると，「植民地の」や「植民地産の」を意
味するようになったということである。このことから大平は，「エグゾチシズ
ム」や「エグゾチスム」は，西洋特有の現象であり，植民地化と結びついて
いたと指摘している。また，これらのことばは好悪をはらむ感情と結びつい
ており，その感情とは，外国崇拝や外国かぶれにも，排他主義や偏狭な民族
主義にもなり得ると論じている。

　また大平は，「エグゾチシズム」・「エグゾチスム」の現在の定義として，
以下の二点をあげている。

①西洋文明に属さない遠方の国（熱帯圏，イスラム圏，アジア圏の国々）
　からもたらされたものの特性
②西洋にとって遠方にあり未知なる神秘的な国々の産物，風習，文化など
　への趣味，関心，それに魅せられること　　（大平, 2008, p.197）

　以上の木下（誠）と大平の説明から「エグゾチスム」や「エグゾチスム」
がどのように生れ，どのように変化していったかを知ることができる。し
かし木下（誠）も大平も，美的概念の観点からこれらの語について検討して
いるわけではない。そこで以下では，改めてこれらのことばの意味について
辞書に基づいて検討し，美的概念と言えるかどうかを考える。

▶ 英語の「エグゾチシズム」と「エグゾチック」

　英語の辞書では「エグゾチシズム」（exoticism）はどのように説明されて
いるだろうか。*The Oxford English Dictionary* （Simpson and Weiner, E.
S. C., 1989）と *Collins Dictionary of the English Language* （Hanks,
1979）に示されている説明を見てみたい（**表1.2**）。この表には，これに対
応する仏語の「エグゾチスム」（exotism）と，英語の「エグゾチック」
（exotic）も載せてある。

　The Oxford English Dictionary には，「エグゾチシズム」について，「外

来の（exotic）ものや外国のものを取り入れる傾向，外来の性質（exotic character）」（p.552）という意味が示されている。用例のうち，最も古いものは1827年の用例である。この辞書には仏語の「エグゾチスム」も収められており，「外国のものとの類似，外国の雰囲気」（p.552）を意味する語として説明されている。用例のうち最も古いものは1811年の用例である。*Collins Dictionary of the English Language* では，この語については「エ

表1.2　辞書における英語「エグゾチシズム」（exoticism）と「エグゾチック」（exotic）の説明（括弧内は掲載されている用例のうち最古の用例が見られる年あるいは初出の世紀）

	The Oxford English Dictionary (1989, pp.551–552)	*Collins Dictionary of the English Language* (1979, p.513)
エグゾチシズム (exoticism, 名詞)	外来のものや外国のものを取り入れる傾向，外来の性質 (1827)	（「エグゾチック」の名詞形としての記載のみ）
エグゾチスム (exotism, フランス語の exotisme として)	外国のものとの類似，外国の雰囲気 (1811)	（記載なし）
エグゾチック (exotic, 形容詞として)	1. 外国に属する，外国からもたらされた，外部から引き出された (1599) 2. 外国人の性質に関する，外国の，風変わりな，野蛮な，奇妙な，粗野な，奇妙であることや外国のものであることや魅惑的であることによる魅力を持っている (1629)	1. 外国に由来する，特に熱帯地方がもとになっている，本来その土地のものではない 2. 奇妙で風変わりな魅力，美，あるいは性質を持っている
エグゾチック (exotic, 名詞として)	1. 外国に祖先を持つ植物，動物 (1645) 2. 外国に祖先を持つ人，外国人 (1651)	外国の人や物 (16世紀)*

*：ラテン語の"exōticus"とギリシャ語の"exōtikos"に由来しており，"exō"は「外側」を意味すると書き添えられている。

グゾチック」の名詞形として記載されているのみである。

「エグゾチック」はこれより歴史が古い。両者の用例を比較してみると，「エグゾチシズム」の最古の用例が 19 世紀であるのに対して，「エグゾチック」の用例は 16 世紀まで遡る。ただし「エグゾチック」には名詞としての使い方と形容詞としての使い方がある。

形容詞としての「エグゾチック」について，*The Oxford English Dictionary* には，まず「外国に属する，外国からもたらされた，外部から引き出された」（p.551）という意味（掲載されている用例のうち最古のものは 1599 年の用例）が示されている。これに加えて，「外国人の性質に関する，外国の，風変わりな，野蛮な，奇妙な，粗野な」（p.551）という意味と，「奇妙であることや外国のものであることや魅惑的であることによる魅力を持っている」（p.551）という意味が示されている。ここで言う魅力は，本書で取り上げる情趣としての異国情緒に通じるものであろう。これらの意味に関して掲載されている用例のうち最古のものは 1629 年の用例である。

名詞としての「エグゾチック」については，「外国に祖先を持つ植物，動物」（p.552），掲載された用例のうち最古のものは 1645 年の用例）という意味と，「外国に祖先を持つ人，外国人」（p.552）という意味（掲載されている用例のうち最古のものは 1651 年の用例）が示されている。

一方，形容詞としての「エグゾチック」について，*Collins Dictionary of the English Language* に記載されている説明は *The Oxford English Dictionary* と比較的似ているが，「野蛮な」や「粗野な」といった意味は記載されておらず，魅力や美を備えていることが記されている。また，「特に熱帯地方がもとになっている」（p.513）という意味が加えられている。名詞としての「エグゾチック」については，「外国の人や物」（p.513）という意味が示されており，*The Oxford English Dictionary* とほぼ同様と言える。ただし，補足説明として，ラテン語の "exōticus" とギリシャ語の "exōtikos" に由来する 16 世紀以降のことばであり，"exō" は「外側」を意味するということが書き添えられている（本章表 1.2 注参照）。

▶ フランス語の「エグゾチスム」と「エグゾチック」

　以下では，英語の場合と同様に，フランス語の「エグゾチスム」と「エグゾチック」について辞書を参照して確認する。ここで用いた辞書は *Le Grand Robert de la Langue Française* (Robert, 1985) と *Trésor de la Langue Française* (Centre National du la Recherche Scientifique, 1980) である（表1.3）。

　表1.3からわかるのは，英語と同様にフランス語でも「エグゾチック」が「エグゾチスム」に歴史的に先行するということである。「エグゾチック」には名詞としての用法も示されているため形容詞の方が早いとはこれらの辞書からは断定できないが，意味を見る限り，形容詞が先であろうと推測できる。これは木下（誠）や大平の説明と一致する。用例の中の最古の年も，木下（誠）の説明と一致する。表1.3では，「エグゾチック」が1548年であり，「エグゾチスム」が1845年である。植民地の概念への言及がある点（表1.3注4）参照）も，木下（誠）や大平の説明と整合性がある。

　これらのことから，まず「エグゾチック」と呼ぶにふさわしい外国由来のものが存在するようになり，やがて，そうした性質や，そうした性質を備えたものへの美的な好みを「エグゾチスム」と呼ぶようになったと考えられる。この間に約300年もの年月が経っている。

　また，*Trésor de la Langue Française* には，話者と対象の関係への言及が見られる。「エグゾチック」は，相対的であり，話者にとって外国やほとんど知らない国に属しており，特に植民地と結びつきやすいということがわかる。

▶「エグゾチシズム」および「エグゾチスム」の美的特徴

　以上のことから，「エグゾチシズム」あるいは「エグゾチスム」について，おおよそ以下のようにまとめることができる。

・語源は "exō" であり，「外側」を意味する。
・外国に由来する対象の性質，特に，遠い国やほとんど知らない国に属する対象の性質や，そうした性質を好む趣味を意味する。

表 1.3 辞書におけるフランス語「エグゾチスム」（exotisme）と「エグゾチック」
（exotique）の説明（括弧内は初出とされる年）

	Le Grand Robert de la Langue Française (1985, p.298)	*Trésor de la Langue Française* (1980, pp.459–460)
エグゾチスム (exotisme, 名詞)	1. エグゾチックな性質 2. エグゾチックな物を好む趣味[1]　　(1845)	1. エグゾチックな性質，エグゾチスムを好む趣味[2] 2. エグゾチックであることを好む趣味[3]　(1860)
エグゾチック (exotique, 形容詞として)	話者が準拠する文化には属さない[4]	（話者の国や文化との関連で考えられる人や物について話すときに） 1. 相対的であり，外国，概して遠い外国，あるいは，ほとんど知らない国に属する 2. その出どころの元来の性質を持っている
エグゾチック (exotique, 名詞として)	1. エグゾチックな性質　　(1548)[5] 2. 外国出身の人（古い用法または文学の世界での用法として） 3. 構成要素である中性子の過剰または不足による不安定な原子核のことを言う（物理学用語として，1980 頃）	1. エグゾチックなもの　　(1552)[6] 2. 外国出身の人，概して遠い外国出身の人 3. 自らの環境とは別の環境下に生息している植物や動物

注：1) 2) 3) 原語は "goût" である。
　　4) 参照語として "Colonial"（「植民地の」）があげられている。
　　5) 形容詞としての用法と名詞としての用法がまとめられており，それらのうちの初出
　　　が 1548 年となっている。そして木下（誠）（1995）および大平（2008）の説明
　　　と同様に，用例として作家ラブレーの文章があげられている。ラブレーの作品では
　　　形容詞として用いられているため，形容詞としての用法の方が早いとわかる。
　　6) 用例として，作家ラブレーの作品の第二版があげられ，形容詞としての用法が示
　　　されている。

・「エグゾチック」の概念から派生した。
・「エグゾチック」に関してはフランス語の方が英語より約50年早く生じている。フランス語の「エグゾチック」は1500年代半ばまで遡る。「エグゾチスム」と「エグゾチシズム」に関しては，いずれも19世紀に生じており，英語の辞書にフランス語として記載されたことばの用例が英語の用例より20年弱早い。
・「エグゾチック」は，熱帯地方，植民地などの概念と結びつきやすい。
・「エグゾチック」は，風変わりでありなおかつ魅力的である。

　「エグゾチシズム」および「エグゾチスム」に関するこれらの特徴を美的概念の観点からとらえるとき，注目すべき点は三つあると考えられる。

　第一は，美的概念になる可能性を持っている点である。趣味を指すのであるから美的な性質になり得ると言える。派生の源泉である「エグゾチック」が魅力的という意味合いを含んでいることも，「エグゾチシズム」や「エグゾチスム」が美的概念になり得ることを示している。

　もっとも，趣味と呼べるものは全て美的というわけではない。カント（Kant, 1790/1964）の美学の立場に立てば，快適さは美的とは言えない。植民地の概念と結びつくことも，この概念が純粋に美的概念であるとは言い切れないことを示唆している。また，「エグゾチック」を相対的な概念として定義すると，普遍的な美に到達しないのではないかという疑問も湧いてくるだろう。カントによると，美は快適さとは異なり，普遍的とされているからである。快適なものに関する趣味は様々だが，ある対象について「『私にとっては美しい』と言ったとしたら，（快適の場合とはまるっきりあべこべで）いかにも笑止である」（同書, p.87）とカントは論じている。

　ただし，人々が接するのは個別の物や情景である。カントの『判断力批判』における美しいものについて小林（信）（2021b）は，眼前の対象を「個別事例」ととらえるという表現は不正確かもしれないと指摘している。そして，唯一・個別であることが普遍的でもあるという「逆説的・両義的性格」（p.8）がカントの言う趣味判断に内在していると論じている。小林（信）の論考は「エグゾチシズム」・「エグゾチスム」に関するものではないが，これらが美

的概念であるならば，美しいものと同様に，唯一・個別と普遍という両義的性格を備えていることになるだろう。

　第二は，「エグゾチシズム」が，「エグゾチック」から生じてきたという点である。外山（滋）（2010）によると，ことばは，概して，名詞が先にあり，派生的に形容詞が現れると考えられているということである。しかし *The Oxford English Dictionary* を参照すると，形容詞が名詞より先に生まれていることばがいくつもあるという。外山（滋）はその例として「古典（主義）的」（classic）と「古典主義」（classicism）をあげ，前者の初出が1744年であるのに対し，後者の初出が1830年であると説明している。本書で取り上げている形容詞としての「エグゾチック」と名詞「エグゾチシズム」・「エグゾチスム」の関係には，外山（滋）の指摘が当てはまる。

　では，発生順序の逆転現象はどのように解釈したらよいのだろうか。外山（滋）は，人間の知的活動においては，派生的なものから原形が決定されることが広く行われているのではないかと論じている。この解釈は，「エグゾチック」という語の歴史にも当てはめることができるかもしれない。既存の形容詞では言い表しがたいなじみのない対象が出現し，それらを言い表すためにまず「エグゾチック」という形容詞が生まれ，あとから「エグゾチック」という名詞や「エグゾチシズム」あるいは「エグゾチスム」という名詞が原形として生まれたのではないだろうか。

　第三は，「エグゾチック」が商品に由来する概念であるという点である（序章参照）。これは，「エグゾチック」が消費者行動研究あるいはマーケティング研究で取り上げるに適した概念であることを示唆している。植民地という政治的な問題が絡んでいるのではあるが，個々の消費者から見れば，マーケティング活動によって育まれた美的概念と言えるだろう。前述の木下（誠）と大平が説明しているように，「エグゾチック」ということばを最初に用いたとされるラブレーの作品でも，このことばは商品を形容していたのである。商業活動は概して世俗的であるため，商品を形容することばを源泉とする美的概念というものは少ないように思われる。

　ただし，商業活動と美意識が結びついた例というものはある。尾崎（2021）は，中国磁器とアジアの事物との遭遇がオランダのイメージ世界に影響を与

え，白い輝きに対する新しい美意識が16世紀のオランダ絵画の世界に生まれたと指摘している。

　商業活動によって育まれた美的概念や美意識が存在することは，消費者美学とマーケティングとのつながりを考えるうえで重要であろう。もっとも，先に述べたように「エグゾチック」という語が，異国らしさを意味するにとどまり，美的概念とは言えない場合もある。この点については次項で検討することにしたい。

(2) セガレンの「エグゾチスム」

　エグゾチスムに関する文学研究においてこれまで多く引用されてきたのは，セガレン（Segalen）によって1904年から1918年までの間に書かれたとされる『〈エグゾチスム〉に関する試論』である[36]。「〈多様なるもの〉についての一〈美学〉」という副題が付けられている。セガレンは，フランス，ブルターニュ地方出身の船医であり，タヒチに赴任し，後に中国へ渡った人物である[37]。

　この著作の中でセガレンは，それまで「エグゾチスム」は「『遠方の国々の印象』とほとんど同義語」（セガレン，1904–1918，木下（誠）訳，1995，p.210）であり，「植民地的」という語の代わりに用いられてきたと指摘している。「エグゾチックな文学」や「エグゾチックな印象」という表現が用いられるときも同様の意味を持っていたという。セガレンはそうした意味での「エグゾチスム」を扱い直す必要があると考えた。

　セガレンにとって「エグゾチスム」とは，「〈多様なるもの〉の知覚，何かが自分自身ではないということの認識」（セガレン，1904–1918，木下（誠）訳，1995，p.135）である。またセガレンにとってエグゾチスムは，「日常の意識事象の総体の『外に』あるものすべて」（同訳書，p.132）を対象としている。そのため，空間的なエグゾチスムだけでなく時間的なエグゾチスムも存在す

---

[36]　執筆年は，訳書（セガレン，1904–1918/1995）における木下（誠）の解説による。刊行されたのはセガレンの死後である。なお，木下（誠）の訳書は1978年に出版された書物を訳したものであるという。

[37]　木下（誠）（セガレン，1904–1918/1995）の解説による。

る。セガレンにとってエグゾチスムはこのように広い意味を持っていた。

　またセガレンは，普遍的エグゾチスム（l'Exotisme universel）と呼べる
ものがあり，その後に我々は本質的エグゾチスム（l'Exotisme essentiel）に
到達すると唱えた。この種のエグゾチスムこそが，セガレンの考える美学の
概念としてのエグゾチスムである。セガレンの考える美学とは，情景
(spectacle)[38]の学問であり，情景を美しく見せる学問であり，認識の道具で
ある。

　ただしセガレンは，植民地的あるいは遠方という意味でのエグゾチスムの
存在を認めないわけではないとも述べている。それは，セガレンが掲げた本
質的エグゾチスムが，この種のエグゾチスムに由来しているからであるとい
う。

　では，セガレンが論じた本質的エグゾチスムはなぜ「美学」に属するのだ
ろうか。セガレンは，ショーペンハウアーやゴーチェといった哲学者たちの
考え方を参照し，「［自分を］異なるものと把握する，とたちまち光景は味わ
い深いものとなる」（同訳書, p.137）と論じている。セガレンによると，多
様なものを感じる取ることは「味わい」（同訳書, p.147）であり，「美しい感
覚」（同訳書, p.150）を生じる[39]。

　前述の大平（2008）はセガレンが考えたエグゾチスムの独自性に着目し，
セガレンのエグゾチスムは，自己とは異なるものとの遭遇の体験であると説
明している。この体験によってそれまでの自己とは異なる新しい自己が実感
されるという。

　セガレンの著作は，「エグゾチスム」を美的概念としてとらえることがで
きるかどうかを考える際に重要である。セガレンの考えに従えば，エグゾチ
スムには，本質的なエグゾチスムと非本質的なエグゾチスムが存在すること
になる。本質的エグゾチスムは普遍的であり，美的概念と言えるだろう。一
方，前節で紹介した辞書における「エグゾチスム」は，セガレンが考える非

38　木下（誠）の訳では「見世物」となっているが，他の箇所では「光景」と訳されてい
　　る。本書では「情景」という意味を表す語としてとらえた。
39　原語はそれぞれ，"la saveur"（Segalen, 1978/ 1986, p.50），"belles sensations"
　　(op.cit., p.52) である。

本質的な「エグゾチスム」に近いと思われるのであり，美的概念とは言い難い。

　ただし，だからといって非本質的なエグゾチスムを考察の対象から排除すればよいというものではない。というのも，セガレンが論じた本質的エグゾチスムは，非本質的エグゾチスムを出発点として経て生じていると考えられるからである。本質的エグゾチスムは「エグゾチスム」ということばが美的に発展していく中で生じたことばと言えるだろう。

(3)「異国情緒」と「エグゾチシズム」・「エグゾチスム」の共通点と相違点

　1節で述べた日本語の「異国情緒」およびその類義語と，2節で紹介した英語とフランス語の「エグゾチシズム」・「エグゾチスム」には，共通点もあれば相違点もある。それらについてまとめると次のようになる。

▶ 共通点

　共通点としては以下の三点をあげることができる。

　第一は，外国由来の対象を指していることである。「エグゾ」の語源が外側を意味することは，日本でも踏襲されていると言えるだろう。

　第二は，外国からもたらされた商品に由来することである。本章1節で概観したように，日本でも異国趣味の美意識が異国情緒に歴史的に先行していたと考えられるのであり，異国趣味を育んだのは南蛮渡来の品々，さらに遡るなら平安貴族の間でもてはやされた唐物など，異国からもたらされた物品であった。

　マーケティングと美の結びつきというと，芸術を売ることに関するアート・マーケティングが論じられがちだが，より本質的な部分でも，美とマーケティングは結びつき得るということが読み取れる。

　第三は，個別性が高く普遍的な美的概念になっていない場合と，普遍的であり美的概念になっている場合があることである。このことは，日本語に関しては「異国情調」に対する中村（1998）のとらえ方と野田（1949/1984）や川本（2012）のとらえ方の対比（第1章参照）に見て取れる。

　異国らしさを感じる経験が，明治期以降の西洋文化の表面的な模倣に留まるのであれば，これは美的経験とは言い難い。しかし，情趣を感じる経験と言えるのであれば，美的経験になっている。また私たちは，異国情緒を感じるとき，特定の国らしいと感じるだけでなく，どこの国かによらない異国らしさをもしばしば感じているのではないだろうか。この点については第 3 章で改めて述べるが，どこの国かによらない異国らしさは，普遍性を帯びてくるだろう。

　以上のことから，日本語の「異国情緒」およびその類義語と，英語とフランス語の「エグゾチシズム」・「エグゾチスム」は，外国由来という意味を根底に持っている点や，美的概念としてとらえられる場合と美的概念としてとらえられない場合がある点で，かなり共通していると見ることができる。

▶ 相違点

　「異国情緒」およびその類義語と「エグゾチシズム」・「エグゾチスム」の相違点としてあげられるのは，植民地や南国という意味合いを含むかどうかだろう。「エグゾチスム」・「エグゾチスム」がこうした意味合いを含んでいるのに対し，「異国情緒」およびその類義語にはこうしたニュアンスはほとんどない[40]。これらの意味合いを含まない方が，純粋な美的概念に近づきやすいと考えられる。

　だが「異国情緒」およびその類義語については，特に明治期においては「欧化主義」（野田，1949/1984，前述）の考え方が含まれやすかったようである。したがって，「異国情緒」およびその類義語もまた，純粋に美的とは言えない要素を含んでいたと推測できる。「異国情緒」およびその類義語から，そうした西洋偏重の傾向を取り去った後に残るのが，美的概念としての側面であろう。

　このことを考えると，昨今の「エキゾチック」というカタカナことばは，西洋の国らしさに限らず様々な国らしさの表現に用いられており，優劣意識を伴ってはいないように見える。そのため純粋な美的概念になりやすいと言

40　例外的に，日本における「エキゾチシズム」を，他民族に対する優越感から生じているととらえる論考もある。

えるかもしれない。もっとも,「エキゾチック」と感じられる経験が新奇な
対象を見聞きするときの感覚的な満足だけに留まる場合もあるため,美的概
念と言えるかどうかを明らかにするためには個々の用法を慎重に検討する必
要がある。

第2章
異国情緒の美的特徴と
異国らしさの分類

　本章ではまず，第1章における概念の検討をふまえて，異国情緒の美的特徴について述べる。ここでは，具体的な例を交えながら検討を進めていく。次に，異国情緒を感じるために必要な異国らしさのとらえ方の問題を取り上げ，異国らしさの分類を示す。

1節　異国情緒を感じさせる事物の美的特徴

(1) 哀感が伴うこと

　第1章で概観したように，日本語の「異国情緒」は，1930年代に生まれたと考えられることばであり，現在も使われ続けている。ただし第1章で取り上げた用例からは，このことばが異国らしさに加えて他の性質もしばしば示していることが読み取れた。それは，哀感と過去への思慕である。哀感も過去への思慕も，異国らしさと結びつく必然性はない。にもかかわらず，異国情緒が漂うとされる情景の描写には，哀感や懐かしさが伴いやすかったのである。哀感や懐かしさは，「異国情緒」が広まる以前の，「異国情調」にも伴うことがあった（第1章参照）。これらのことは何を意味するのだろうか。

　まず，哀感という感情について考えてみたい。ここで，日本における美意識を考えてみると，古来，「もののあはれ」ということばで表されるような哀感が中心に位置づけられてきたことがわかる。本居宣長（1796/1970）によると，「もののあはれ」とは，元来心に深く感じること全般を指す広い概念だが，悲哀は心に感じる程度が特に深いため，俗に悲哀を「もののあはれ」

と呼ぶようになったということである。

　この説明を「異国情緒」に当てはめるとどのようなことが言えるだろうか。異国らしさを認知して楽しくなることや驚くこともあるだろう。だが，哀感を生じたとき，異国らしさの認知は美的な方向に深まっていきやすいのではないだろうか。つまり，異国らしさを認知するだけでは美的経験が生じるとは言えないが，異国らしさの認知に哀感が伴った場合には，美的経験が生じる可能性が高いと言えるのではないだろうか。また，同じ事物や同じ情景であっても，哀感を感じ取る人や哀感が生じる状況の方が，哀感を感じ取らない人や哀感が生じない状況に比べて，美的経験が生じやすいのではないだろうか。

　哀感が伴うことは，単なる異国らしさの認知を，情趣としての異国情緒を感じる経験（異国情緒経験）へと，美的に深化させる一つの要因になっていると考えられる。

(2) 歴史的・文化的背景を持つこと

　第 1 章では，「異国情緒」やその前身としての異国趣味の例を複数示したが，それらの中には，歴史的背景や文化的背景の説明も添えられているものがあった。

　例えば，江戸時代の異国趣味の例として更紗をあげたが，当時南蛮文化が流行っていたということ（佐藤, 2013）を理解すれば，更紗だけでなく当時の街の様子や人々の様子も想像できるようになり，美的により深いレベルで異国らしさを認知することができるだろう。京都の角屋にあるギヤマンをはめ込んだ窓やオランダ語が記されたワイングラスについても同様である。そうしたものの存在を見るだけでも異国情緒を感じることはできるが，七代目店主の実弟が長崎に留学していたということ（中川, 2018）を知れば，なぜ江戸時代の京都に異国の品々があったのかを理解でき，より深く味わうことができるだろう。

　第 1 章で紹介した「エキゾチック・ジャパン」で用いられた五木寛之氏作の広告コピー（日本国有鉄道, 1984）には，絨毯やざぼん売りがあげられていたが，これらは，その一つ一つが歴史的背景を持っている。

　また「異国情緒」の例としてあげた平戸の阿蘭陀塀や阿蘭陀井戸については，歴史を聞くのも趣があると書かれた記事（豊田, 1955）があった。見るだけでも異国情緒は感じられるが，歴史的経緯を知ってから見ると，情趣も一層強く感じられるということだろう。

　もっとも，歴史的背景や文化的背景を把握することが，美的なとらえ方を強めるのではなく，政治的背景の把握に結びついてくることもあるだろう。これは，英語とフランス語の「エグゾチック」が植民地の概念と結びつきやすかったこと（第1章参照）と同様である。このような場合の異国情緒経験は，純粋な美的経験とは言い難い。

（3）遠さあるいは末端に位置すること

　異国情緒は，慣れた場所からの遠さの認識や末端に位置することの認識を伴う場合がある。第1章で紹介した *Trésor de la Langue Française*（Centre National du la Recherche Scientifique, 1980）には，「概して遠い外国（に属する）」（表1.3）という説明が含まれていた。セガレン（Segalen, 1904–1918/1995; 第1章および第4章参照）も，非本質的なエグゾチスムについては「遠方」の意味合いが含まれているととらえていた。また遠さの認識は，感慨深さを増しやすいと考えられる。このことは，日本古来の和歌の歴史からも読み取れるようである。

　小泉（1958）は，日本では中世に風景を主題とする叙景歌が一分野として成立したが，その形成原理は風景を「遠さ」で表現することであったと指摘している。小泉によれば，中世叙景歌に詠まれた遠さには，「ものによって作られた対象世界の遠さ」（p.60）と，「こころの作り出す気分的な遠さ」（p.60）があるというが，知覚対象に即した遠さが詠まれる場合でも，心理的な遠さが含まれていたということである。

　遠さや末端の位置が独特の情趣を生じることは，観光案内からも窺われる。あるポルトガル案内では，ユーラシア大陸の最西端に位置するロカ岬の紹介の箇所に，「大西洋に突き出した断崖」（小林（茂）, 2020, p.48）が最西端であることを実感させると書かれている。最西端であることは，旅行者にとって遠さの実感を強める働きをするのではないだろうか。

図 2.1　日本の普通鉄道における最西端の駅

出所：筆者撮影

　大陸ではないが，日本でも，特定のエリア内での最西端であることが明記
されている場所は多々ある。**図 2.1** は，長崎県平戸市にある駅のホームの写
真である。駅名の下に赤い文字で「日本最西端の駅」と記されている。日本
の普通鉄道の駅の中の最西端である[1]。また平戸市には弘法大師の大きな立像
があり，海の先の唐を指差しているという。内陸ではなく平戸市の海岸付近

1　平戸観光協会のウェブサイトにおける「松浦鉄道たびら平戸口駅（日本最西端の駅）」
　のページを参照した。同ページによると，特殊鉄道を含めると，2003 年以降は沖縄都市
　モノレール線の駅が最西端になっているということである。

だからこそ，指差しが海外を指していることを明確に表現できるのだろう。

　また，異国情緒ということばには「港」が結びつきやすいように見受けられるが，これは，船が出入りするというだけでなく，地続きの場所が終わることも関係しているように思える。末端の場所が他国と地続きである場合と比べると，海である方が，端であることを認識させやすく，情趣を感じさせやすいのではないだろうか。

(4) 時代を表すこと―ハイカラからレトロまで―

　第1章で紹介したように，明治末期の，「異国情調」という語が用いられていた時代には，異国らしい事物や情景は，「欧化主義」と相俟って，きらびやかさや時代の先端といったニュアンスも持っていたと考えられる。「ハイカラ」と呼ぶにふさわしいような性質も，当時の異国らしさには伴いやすかったと考えられる[2]。ハイカラであるととらえることは，西洋気取り，西洋かぶれを生じかねず，美的概念からは遠ざかってしまう可能性があるが，その一方で，「パンの会」の活動に見られるように，数々の文学作品や芸術作品を生み出した。

　ところが近年では，「異国情緒」には「レトロ」ということばが伴うことが少なくない。このことは，旅行雑誌，旅行記事などを見ればすぐにわかる。とりわけ，横浜や神戸などの港町の案内を見ると目につく。「ハイカラ」ということばが使われている場合でも，「幕末〜明治期のハイカラな空気漂う」(TAC 出版編集部, 2006) というように，かつてのハイカラな姿を現在もとどめていることを示す形で用いられている。第1章で紹介した長崎のガイドブックでも，「ガラス細工のハイカラ雑貨」(阿部, 2017, p.5) というように，昔ながらの雑貨について説明する箇所でこのことばが使われている。目新しいしゃれた事物を形容していたことばが，古き良き事物が醸し出す趣を表すことばに変わってしまったのである。

　これは，かつてハイカラであった事物が，比較的変化せずに保たれてきた

2　『日本国語大辞典』(小学館国語辞典編集部, 2006) を参照すると，「ハイカラ」の用例の最古のものは1900年の用例である。「異国情調」が生まれた年代（第1章参照）と近いことがわかる。

ことによっているのだろう。当時は時代の先端を行く事物であっても，周囲が新しくなれば，逆に古さを示す事物になる（牧野，2015）[3]。知覚対象自体はさほど変化していなくても，その対象から人々が感じとる情趣の種類が変わったと言える。

したがって「異国情調」や「異国情緒」ということばによって示される情趣は，明治期から現代にかけて，ハイカラからレトロへと，とらえられ方が変化したと言える。時代の先端を行くのではなく，ノスタルジックな事物や情景の描写に「異国情緒」ということばが用いられやすくなったのである。そのためこれらのことばについて検討していく際には，そのことばがどのような対象に対して使われたのかだけでなく，いつの時代に使われたのかも，把握しておく必要があるだろう。なお，「ノスタルジア」ということばは，消費者行動研究の分野では，個人的な懐かしさを指す場合と，過去の時代への思慕を指す場合があるが，これについては第3章および第4章で説明する。

レトロやノスタルジックであることは，他国においても異国情緒とつながりやすいように見受けられる。第1章で紹介したマレーシアのペナンの旅行ガイドブック（羅針編集部，2017）には，「古きよき時代」（p.91），「ノスタルジックな風情」（p.117）ということばが用いられていた。このことを前述の哀感の問題とつなげると，昨今の「異国情緒」は，哀感とノスタルジアを伴うことによって一層情趣を増すと言えるのではないだろうか。

ペナンと場所は全く異なるが，ポルトガル（第5章参照）のリスボンのガイドブックや紀行番組でも，「異国情緒」，「哀感」，「ノスタルジア」の三要素が揃っていることがある。

まず哀感について確認しておきたい。池上（岑）（1992）は，ポルトガルの人々のメンタリティを表す概念として「サウダーデ」（「サウダージ」と書かれることもある）が重要であると論じている。対応する一語の日本語はなく，「〈懐かしさ〉〈未練〉〈懐旧の情〉〈哀惜〉〈郷愁〉（池上（岑），1992，p.131）など」を意味している。つまり，自分が愛情を抱いている人や事物

---

3 拙著（牧野，2015）では，古さを感じる現象に二つの場合があると指摘した。そのうちの一つは，環境が変化したのに，当該の対象は変化しないという場合である。本書で記したこともこれと一致する。もう一つは，対象自体が古びるという場合である。

が近くにいないときやないとき，あるいは，完全に過去のものとなっているときに生じる切なさや淋しさなどを指すという。池上（岑）によれば，サウダーデは，「ファド」と呼ばれる歌謡[4]や古くからの抒情詩の中でもテーマとして取り上げられているということである。

　ノスタルジアについてはどうだろう。前述のポルトガル案内では，15世紀の大航海時代を振り返り，「栄華を誇った往時を思わせる遺物」（小林（茂），2000, p.8）を現在でも見られることが記されている。またリスボンのケーブルカーについては，「ノスタルジック」（同書, p.12），「郷愁を駆りたてる」（同書, p.27）と書かれている。このガイドブックからも，今日の「異国情緒」が哀感を伴いやすいこととレトロというニュアンスを含みやすいことが窺われる。

2節　異国らしさの分類

(1) 異国らしさの認知と異国情緒経験

　異国情緒経験が生じるためには，事物や情景を知覚したときに，まず異国らしさを認知する必要がある[5]。記憶の想起や想像による異国情緒経験というものを考えてみることも可能だが，異国情緒経験を論じるにあたってまず検討すべきなのは，知覚に基づく経験であろう。

　異国らしさにはいくつかの種類があると考えられるが，それらは異国らしさをどのような観点からとらえるかによって違ってくるだろう。そこで以下では，認知のレベル，相対的なとらえ方，異国の特定性の観点から，異国らしさの分類について論じる。

4　ファドとは，リスボンで歌われてきた「民衆的な歌謡」（浜田, 1992, p.284）である。しかし非常に古くからあるというわけではない。今日の形になったのは19世紀前半である（浜田, 1992）。もの悲しく，抒情的であるという。ただし北部の都市コインブラには，大学生が歌う明るいファドがある（同書）。

5　「知覚」という語も「認知」という語も広範囲の意味を持つが，本書では，視覚，聴覚等の感覚受容器で事物を受け止めることを「知覚」と記し，その先の高次の心理過程を「認知」と記している。この使い分けは，心理学において重野（2012）が示している両概念の区別とも矛盾しない。本書における「異国らしさの認知」には，異国に関する記憶，想像，類似性判断，カテゴリー判断等が含まれる。

（2）認知のレベルによる分類―表面的と本質的―

　第１章ではフランスのセガレンの著作を参照し，エグゾチスムには本質的なエグゾチスムと本質的ではないエグゾチスムがあるという考え方を紹介した。この分類を，本書における異国らしさの認知にも当てはめることができるだろうか。

　美的経験の観点からセガレンの考え方をとらえるならば，セガレンの言う本質的エグゾチスムは，美的経験をもたらす認知ということになる。セガレンが考えた本質的エグゾチスムは普遍的な概念であるから，カント（Kant, 1790/1964; 第１章参照）が考える美とも整合性がある[6]。これに対し，セガレンが本質的エグゾチスムと呼べないと考えたものは，美的経験を生じるとは言えないことになる。個別性が高く，普遍的性質を持っていないと考えられるためである。

　セガレンの言うエグゾチスムを，異国らしさの認知に当てはめると，表面的な異国らしさの認知と本質的な異国らしさの認知に分けることができる。表面的な異国らしさの認知とは，主として形態的な特徴に依存する知覚であり，知覚対象に関する深い理解を必要とはしない。本書で考える美的経験としての異国情緒経験は，本質的な異国らしさの認知から生じると考えられる。ただし，だからといって，表面的な異国らしさの認知は美的経験としての異国情緒経験とは関係ないということにはならない。

　上村（2018）は，異国趣味について論じていく中で，音楽作品における異国趣味の問題を取り上げている。そして，日本の聴衆には奇異で稚拙に聞こえるオリエンタルな作品がイギリスの聴衆に及ぼす効果は，日本の聴衆がケテルビーの「ペルシャの市場にて」やリムスキー＝コルサコフの『シェヘラザード』を聞いた時に生じる効果と同様だろうと論じている。そして上村は，異国趣味の音楽は「それ自体に特有の感性的な意味を持っている」（p.49）と論じている。また上村は，芸術表現における紋切り型を否定的にとらえるのではなく，真正性への「漸進的接近を可能にするもの」（p.50）としてと

6　セガレンはこの著作の中で，カントの『純粋理性批判』に対しては同感できないと論じている。だが美と快適さの違いについて論じられている『判断力批判』に対しては，特に意見を述べていない。

らえている。

　つまり，どこの国らしい音楽作品をどこの国の聴衆が聴くのかということによらない，異国趣味ならではの意味があるということだろう。上村の言う異国趣味の音楽に特有の感性的な意味とは，セガレンの言う本質的なエグゾチシズムに相当すると思われる。

　こうした考え方は，哲学的感性論において小林（信）（2019）が論じた日常生活世界における「脱文脈化」の概念にも通じると思われる。小林（信）によると，日常的な生活世界の中での美的経験は，知覚経験を日常の意味連関から離脱させ，反省的に内面に集中することによって生じる。異国らしい特徴を持つ事物や情景もまた，具体的な文脈から切り離され，反省的にとらえられることによって，本質的な異国らしさの認知を生じるのではないだろうか。つまり，どこの異国かということによらない，抽象的な概念としての異国らしさを浮かび上がらせることができるだろう。

　しかし，本質的な異国らしさの認知は突如として生じるわけではない。セガレンの考えをふまえれば，表面的な異国らしさの認知を経て生じることになる。こうした段階分けの考え方は，上村のとらえ方とも重なる部分があるだろう。上村は紋切り型を真正性への接近を可能にするものとしてとらえたが，これを，本質的な異国らしさの認知へと至るまでの前段階としてとらえることもできると思われる。

(3) 相対的なとらえ方による異国らしさの分類

　Trésor de la Langue Française（Centre National du la Recherche Scientifique, 1980; 第 1 章参照）に示されていたように，異国情緒は相対的なものであるという見方がある。異国というのは知覚者にとっての異国なのであるから当然とも言えるが，異国らしさは異国に行ったときに認知されるとは限らない。相対的であることのとらえ方は一種類ではない。知覚者が自国・異国のどちらに存在しているのかという点と，認知されるのは自国らしさか異国らしさかという点を組み合わせると，以下の三つのタイプを想定できる[7]。

▶ 異国で感じられる異国らしさ

第一のタイプは，異国で感じられる異国らしさである。異国に行ったとき
に，いかにも異国だと感じることを指す。JAL 機内誌 *SKYWARD* に掲載さ
れた JAL の広告には，ウラジオストックについて「異国情緒ただよう，日本
から一番近いヨーロッパ」(JAL ブランドコミュニケーション，2019, p.43)
と書かれている。日本から近くてもヨーロッパの雰囲気を味わえるとアピー
ルすることによって異国らしさを際立たせているのだろう。

もっとも，異国で感じられる異国らしさは，当該の国の人から見たときの
その国らしさとは限らない。例えば，白川郷の茅葺屋根の見える風景は，日
本の人々から見れば日本らしいと感じられるであろうが，ドイツの建築家ブ
ルーノ・タウト (Bruno Julius Florian Taut, 1880-1938) は，日本的では
ないと記している（タウト，1939/1962）。むしろスイスかスイスの幻想で
あるという。タウトから見たこのような異国らしさもまた，異国で感じられ
る異国らしさのうちである。そしてこのような感じ方もまた，異国情緒が相
対的なとらえ方に基づいていることを示していると言えるだろう。

▶ 自国で感じられる異国らしさ

第二のタイプは，自国で感じられる異国らしさである。長崎の異国情緒，
神戸の異国情緒などは，このタイプに属する。異国情緒というと真っ先にこ
の種の異国情緒が思い浮かぶという人が案外多いかもしれない。

第1章で紹介した宮田重雄氏は，長崎で明治期のエキゾチシズムが残って
いると感じただけでなく，伊豆半島の川奈で，南仏に似ていると何度も思っ
たそうである（宮田，1960）。宮田氏は画家であり，西欧的な題材を求めて
いたとのことであるから，自国に存在する西欧らしさに敏感だったのだろう。

ただし，自国内で，異国風の建物にすっかり取り囲まれたり，異国で見か
ける事物ばかりを見かけたりするということは，意図的に特定の異国風に造
られた地区を除けば，かなり少ないと思われる。長崎の異国情緒も「和華蘭」
(e.g., 阿部，2017, p.17) という表現に見られるように，日本風が異国らし

7　論理的には四つのタイプを想定できるが，そのうちの一つである「自国で感じられる自
　国らしさ」は異国らしさとはみなせないため，以下では取り上げない。

さと混ざり合って生まれた異国情緒である。この点については，異国の特定性による分類の箇所で述べる。

▶ 異国で感じられる自国らしさ

　第三のタイプは，異国で感じられる自国らしさである。これは，異国に行ったときになじみのある情景とよく似た情景に遭遇したときに認知されるものである。自国らしさを認知するのではあるが，異国に存在しているという認識の上に成立する。そのため本書ではこれも異国らしさの認知の一類型として位置づける。

　例えば，2019 年 8 月 23 日の *livedoor News* の記事に，欧州・コソボに木造建築が並ぶ街並みがあることを取り上げたものがある[8]。Twitter に投稿された画像がきっかけとなり，日本の古い町並みに見えることが話題になったという。同サイトによると，「懐かしい」というコメントもあったということである。

　この例は，異国で感じられる自国らしさの例になるだけでなく，異国情緒がノスタルジアと結びつきやすいこと（本章 1 節参照）を示す例にもなる。

　2015 年 12 月 3 日の ANA の Travel & Life のオンライン記事でも，異国における自国らしさと言える経験が取り上げられている。台湾の九份の風景が，映画『千と千尋の神隠し』における湯屋を彷彿させると言われ，話題になったという[9]。同記事によると，「日本統治時代に建てられた古い建物が残ることから，どこか懐かしい雰囲気が漂う町並み」（同記事）があるということである。

　九份の風景との類似性は，コソボの風景との類似性とは異なり，歴史的必然性があるが，異国で自国らしさを知覚するという点では共通している。ノスタルジアを喚起している点も共通している。もっとも，過去の日本の風景というものは，現代の日本の人々にとっては大まかなイメージであり，必ず

8　livedoor のウェブサイトにおける *livedoor NEWS*「ニューストップ」「ライフ総合」「京都そっくり　欧州・コソボの木造建築が並ぶ街並みに驚き」を参照した。
9　ANA のウェブサイトにおける "ANA Travel & Life"「千と千尋の世界へ！　台湾，九份を訪れるなら夕暮れどきがベストタイム」を参照した。

しも正確ではないだろう。だからこそ、似ていると判断される幅が広く、何となく似ていると感じられやすいのかもしれない。一方、現代の日本の風景については詳細までわかっているため、多少共通点のある風景を見ても、似ているとは感じにくいかもしれない。

（4）異国の特定性による異国らしさの分類

異国らしさを感じるというとき、思い浮かぶ国はどこだろうか。異国の特定性の観点からは、異国らしさを以下の三つのタイプに分類することができるだろう。

▶ 特定の一国らしさ

第一のタイプは、特定の一国らしさを表す異国らしさである。オランダらしい、メキシコみたいだというように、特定の一つの国が思い浮かぶ場合を指す。実際に当該の国に行っていかにもその国らしいと感じることでもよいし、当該の国以外の場所で当該の国らしいと感じることでもよい。

また、特定の国の中の特定のエリアらしいという絞り込みも可能である。例えばある海岸を見てアメリカの西海岸らしいとか、カリフォルニアのビーチのようだとかいう絞り込みをした場合も、特定の一国らしさに含まれる。

▶ 複数の国らしさの混合

第二のタイプは、複数の国らしさがミックスされることによって生じる異国らしさである。例えば、長崎県平戸市の案内でよく紹介されている場所は、二山の寺院と教会が同時に視界に入る風景である（図2.2）。

平戸市のガイドマップ（平戸市役所観光課, 2013）には、「その光景は平戸の異国情緒の香りを感じさせる」と書かれている[10]。いかにも日本らしい寺院（画面手前右手と中央左手）と西洋風の教会（画面奥）が一つの風景を構成し、異国らしさを知覚させているのである[11]。

複数の国らしさが混ざっていることから異国らしさが知覚されるという例

10　ガイドマップは現地の観光案内所で入手できるほか、平戸市のウェブサイトとリンクしている平戸観光協会のページ内で表示される。

図 2.2　寺院と教会の見える平戸の風景

出所：筆者撮影

は，海外でも見つけることができる。例えば，旅行案内などでしばしば「異
国情緒あふれる」と紹介されているマカオの路面には，あちこちに「カル
サーダス」と呼ばれる模様入りの石畳があるが，これはもともとポルトガル
からもたらされたものであるという（第 4 章および終章参照）。海外旅行に
ついて連載記事を執筆していた勝部（2017）も，マカオについては，歴史を
振り返り，今でもポルトガル風情が感じられると論じている。また勝部は，

11　もっとも，この教会が建設されたのは 1931 年である（TAC 出版編集部, 2016）。平
　　戸出身の藤浦洸氏は旅行者とは異なり，古くからある別の教会に，より強い異国情緒を
　　感じると記している（藤浦, 1959; 第 1 章参照）。藤浦氏の感じ方と旅行者の感じ方の違
　　いは，前述の通り，異国情緒が相対的であることを裏づけている。

旧市街の町並みからも日常生活シーンからも，西洋と東洋の融合を感じることができると記している。建築については中国寺院とカトリック教会が隣あっていることを例にあげ，独特の異国情緒を感じさせると紹介している[12]。

こうした例はおそらくほかにも多々あるだろう。複数の国らしさが合わさることで，特定の一国に絞られない異国らしさが認知されることがわかる。

▶ 特定されない異国らしさ

第三のタイプは，特定されない異国らしさである。特にどことは言えないが，なんとなく地中海っぽいとか，太平洋の南の島にこういう風景がありそうだとか，ヨーロッパの森の中のようだとかいう情景を認知した場合，その異国らしさは漠然としており，特定されない。それまでの知識に基づいてはいても，一つの正解があるわけではない。類似の知識を組み合わせたイメージができあがっており，そのイメージと照らし合わせて異国らしいと感じているのである。

例えば図2.3の雨に濡れるバス停を見たとき，日ごろ見かけるバス停とは形が異なると思う人が多いだろう。周囲に生い茂る樹々の特徴から南国であると考える人が多いのではないだろうか。正解はハワイだが，ハワイであるとわからなくても，特定されない異国らしさを認知することはできるだろう。

▶「どこにもない異国」らしさ

ここにあげた三種類の異国らしさのうち，「複数の国らしさの混合」と「特定されない異国らしさ」は，いわば「どこにもない異国」らしさである。一見逆説的ではあるが，異国らしさの本質を知るうえでは，つまり，異国情緒経験に含まれる普遍的な要素を知るためには，これらの異国らしさを検討することも重要と思われる。

12　勝部の記事では「エキゾチック」ということばも使われている。

図2.3　雨に濡れるバス停

出所：大橋京子氏撮影

第3章
消費者美学の立場から見た異国情緒

　本章では，消費者行動研究のテーマとしての異国情緒について考える。まず，消費者行動研究の分野におけるこれまでのエグゾチシズム研究を概観し，美的側面に関する研究が乏しいことを示す。次に，消費者行動研究の中でも特に消費者美学および快楽消費研究の立場から異国情緒経験を取り上げ，この経験の分類を行う。

1節　消費者行動研究におけるこれまでのエグゾチシズム研究

　日本の消費者行動研究において「異国情緒」をテーマとした研究はこれまでになされていないように思われる。だが「エグゾチシズム」[1]に関連することがらを扱った消費者行動研究は，多くはないものの，海外には存在する[2]。特に，ある国にとって伝統的であり他国から見ればエグゾチックなものの商品化に関する研究が多いようである。また，消費者のノスタルジア研究の中で，エグゾチシズムの問題に触れているものがある。

1　第1章の表記と揃えて，英語における "exoticism" を「エグゾチシズム」と表記している。本書では，「エグゾチシズム」および「エグゾチック」を，日本で浸透しているカタカナ語の「エキゾチック」と区別している。
2　消費文化に関する研究の中でエグゾチシズムが取り上げられていることがある。

(1) エグゾチックなものの商品化に関する研究

▶ 各国料理のグローバルな展開に関する研究

エグゾチックなものの商品化の研究では，各国の伝統的な料理をグローバルに売り出すことがテーマとして取り上げられやすいようである。例えばフォンセカ（Fonseca, 2005）は，新ラテンアメリカ料理（Nuevo Latino）に着目し，実際にレストランを訪れてエスノグラフィックな研究を行ったほか，広告やメニュー，ウェブサイト等の様々な素材を分析した。そして，アメリカのレストラン産業がラテンアメリカの伝統的料理を美的でファッショナブルなものとして再ブランド化しているという結論を得た。例えばタロイモの根を材料とする食べ物は美的なものに作り替えられ，タロチップスのようなエグゾチックなグルメチップスとしてアメリカのスーパーマーケットで販売されているという。また，新ラテンアメリカ料理のレストランの中にはミュージアム風のものもあるという。フォンセカによると，今や新ラテンアメリカ料理は，「伝統とモダン，エグゾチシズムとグローバルな洗練のハイブリッド化の結果として生じた芸術形態」（p.114）になっている。フォンセカは，消費者主導の資本主義におけるコスモポリタニズム[3]によって，地元とユニバーサル，現代的と伝統的，真正性と模倣の仕切りが，溶けて無くなっていくととらえている。

一方，エモンツプールとゲオルギ（Emontspool and Georgi, 2017）は，北欧のニュー・ノルディック・フードに着目した。ニュー・ノルディック・フードは，北欧以外の消費者にとってはエグゾチックであるという。エモンツプールとゲオルギはニュー・ノルディック・フードに関するインタビュー調査等を行った[4]。そして，美食家たちが，美的なコスモポリタニズム（文化の多様性に対して開かれた気持ちと興味を持つこと）の理想と，道徳的なコ

3　フォンセカが論じている「コスモポリタニズム」は，本書の序章および終章における「消費者コスモポリタニズム」と同一の概念ではない。寺﨑（2021）によれば，社会学における「コスモポリタニズム」は社会経済的な概念だが，マーケティング研究の多くは「コスモポリタニズム」を消費性向に関する概念として扱っているということである。フォンセカの研究はマーケティングについて論じたものだが，フォンセカの研究では，「コスモポリタニズム」という語は，社会経済的な概念として用いられているようである。

4　この研究では，回答者の消費の好みを示す写真もデータとして集めている。写真は，インタビューを行う際の手がかりとして用いられた。

スモポリタニズム（人類として，地球全体に対する責任を持つこと）の理想という，一見矛盾する二つの食のトレンドを取り入れていることを明らかにした。これは，ニュー・ノルディック・フードが，自然を審美化し，エグゾチックなものを道徳的にとらえていることによっているという。また美食家たちが，本国で食べるなど，真正性を重視していることも，この研究から明らかになった。

▶ 料理に限定されないブランド化の研究

　料理以外では，トルコのカーペットのブランド化に関する研究（Ger and Csaba, 2000）や，観光旅行の目的地としてのハワイのブランディングに関する研究（Schroeder and Borgerson, 1999; Borgerson and Schroeder, 2006）などがある[5]。ただしどちらにおいても伝統的なものをそのまま商業化することが論じられているわけではない。

　トルコのカーペットの研究では，商品化されたトルコのカーペットの歴史的変遷が説明されている。それによると，19世紀以降トルコのカーペットに対する西洋のニーズが増え，合成染料が使われたり素材のウールが輸入されたりするようになったが，1970年代以降，伝統に立ち返ることを重視する企業が現れるようになったということである。そしてこの研究では，今日のトルコのカーペットが，真正な美的文化的産物とエグゾチックなスーベニアの境界線をたどっていることや，かつてのカーペットの真正性を再び創り出す（recreate）プロセスにおいて，文化的産物の伝統と神秘的雰囲気（mystique）がブランド化され得ることなどが論じられている。

　旅行先としてのハワイに関する研究（Schroeder and Borgerson, 1999）では，エグゾチックでありながら親近感があり，パラダイスに譬えられるハワイのイメージは，マーケティングによって創られたと説明されている。シュレーダーとボーガーソン（Schroeder and Borgerson）はハワイアン・ミュージックに着目し，かつてハワイ以外の国々からやって来た人々による部分が大きいと指摘している。また，ハワイの聴覚的イメージは，アメリカ

5　地域や場所のブランディングについては第4章で改めて取り上げる。

本土のソングライターによって，なじみのあるイージーリスニング・ミュージックを通して伝えられてきた（Borgerson and Schroeder, 2006）と説明している。さらに，コダック社によるフラ・ショーや「ハワイ・コールズ」というラジオ番組がパラダイスを彷彿させるブランドとしてのハワイの認知を高めたという。またこうした聴覚的な供給源は，ブランドとしてのハワイアン・ミュージックに「『真正な』文化的歴史」（Borgerson and Schroeder, 2006, p.499）を与えたという[6]。ボーガーソンとシュレーダーによれば，ハワイアン・ミュージックは，過ぎ去った時代を呼び起こし，文化と歴史，ツーリスト・マネジメントとノスタルジアを前面に出す売り込みから成る複合的な遺産をもたらしているということである。

　ただし，エグゾチックな側面を前面に出さずにグローバル市場に進出することについて検討している研究もある。カイラとエックハルト（Cayla and Eckhardt, 2008）はアジアで生まれたブランドをグローバル・ブランドにするとき，特定の国のもの（national brands）であることを前面に出す場合と，アジア地域のブランド（regional Asian brands）であることを前面に出す場合があると論じている。

　カイラとエックハルトは，アジアのイメージを洗練されたものにすることにおけるマーケターの役割を調べるために，アジア地域キャンペーンにかかわっているブランドマネージャーやコンサルタント合計 23 人を対象としたインタビュー調査を行った[7]。その結果，タイのチャーンビールのようなナショナルブランドについては，アジアの国々をエグゾチックととらえる見方を壊そうとする方向性を示しつつ，正真正銘その国のものであるという意味での真正性をアピールしていることが明らかになった。一方，タイガービールのようなアジア地域のブランドについては，伝統と現代，東洋と西洋を合わせることによって，アジアをエグゾチックととらえる見方を免れた新種の現代性を構築しているという結論が得られた。

6　この研究では，「真正な」ということばは鍵括弧付きで用いられている。歴史的に正しいという意味ではなく，真正なイメージという意味を表していると思われる。

7　シンガポールのビール会社やオンライントラベルポータル等で働いている人々が回答した。

▶ グローバルなブランディングに付随する真正性の問題

　以上の研究から示されるのは，今日，各国固有の伝統的な事物を商品化してグローバルな市場に参入していく際に重要なのは，エグゾチックであることを前面に出すことではなく，多文化的な新しい要素を付け加えることであると言えるだろう。また，こうした動向とともに，真正性の問題が生じてくることがわかる。

　ただし，真正性に関しては，客観的に真実であることや伝統に忠実であることだけが重視されているわけではないようである。キャロルとウィートン（Carroll and Wheaton, 2019）は，真正性の概念を，対象の起源や由来等に関する真正性と，類型の観点からの真正性（社会において構築されているカテゴリーに適合すること）にタイプ分けし[8]，多くのチキ・バー（ポリネシアをイメージさせるバーおよびバー・レストラン）は，対象の起源や由来等に関する真正性を備えていないが，類型の観点からの真正性を備えていると論じている。というのも，ポリネシアに起源を持つ本物のチキ・バーやレストランといったものが南洋に存在するわけではなく，それらはそもそも想像に基づいて社会的に構築されたものだからである。

　一方，フォーコフ（Falkof, 2022）は，南アフリカのヨハネスブルグにある高級なスパを研究対象とし，そこでは癒しの植物と太古の知識が現代性と交わっていると指摘している。そして，このスパは東洋を神秘的にとらえるオリエンタリズムのアフリカ版であり，真正性とのかかわりは弱いと論じている。

　これらの研究をふまえると，各国固有の事物の商品化において，真正性は消費者が魅力を感じるために必須とは言い切れないことがわかる。

(2) エグゾチシズムの問題を取り上げているノスタルジア研究

　消費者行動研究においては，1990年代初頭から様々なノスタルジア研究が行われてきた（牧野, 2014）。そしてそれらの中に，エグゾチシズムに言

8　原語は"nominal authenticity"と"type authenticity"である。"nominal authenticity"という語は，「芸術における真正性」に関するダトン（Dutton, 2003）の論考に基づいている。

及している研究がある。

　例えばスターン（Stern, 1992）は，広告に表現されるノスタルジアを歴史的ノスタルジア（広告の受け手が生まれるより前の時代へのノスタルジア）と個人的ノスタルジア（広告の受け手自身の過去へのノスタルジア）に分類し（第4章および第5章参照）[9]，これのうち歴史的ノスタルジアの表現にはしばしばエグゾチックな場面設定がなされていると指摘している。スターンによれば，文学ではこれに先立つものとして歴史物語があるが，歴史物語においては，時間のみならず空間もしばしば遠い設定になっているということである。

　またパーソンズとカペリーニ（Parsons and Cappellini, 2011）は，料理の文化の観点からノスタルジアの問題を取り上げた。そして1954年から2005年までにイギリスで刊行されたイタリア料理の本の内容の解釈を行った。この研究では，年代を1954-1970年，1971-1986年，1990-2005年の三つに分けて，それぞれの特徴を読み取っている。その結果，1954年から1970年までに刊行された本においては，ノスタルジアが，エグゾチックでリッチな料理の伝統によって表されていることが読み取られている[10]。

　先に紹介したハワイアン・ミュージックの研究においてもノスタルジアへの言及が見られる。この研究によると，ハワイアン・ミュージックは，「レトロ，パラダイス，逃避」（Borgerson and Schroeder, 2006, p.499）といった，市場化されたハワイのイメージをとらえているということである。したがって，ハワイアン・ミュージックの市場においても，エグゾチシズムはノスタルジアと結びつきやすいと考えられる。

（3）消費者美学の立場からの異国情緒研究の欠如

　本節で概観してきたことからわかるように，消費者行動研究や消費文化研究におけるこれまでのエグゾチシズム研究は，「消費者美学」の研究ではな

9　スターンの研究は広告に関する研究だが，ノスタルジアのこうした分類は，広告研究に限らず，消費者行動研究で数多く行われてきた。

10　1971-1986年の料理本からは，浪漫化された近代以前の過去によってノスタルジアが表されていることが読み取られている。また1990-2005年の料理本からは，シンプルで真正性のある暮らしによってノスタルジアが表されていることが読み取られている。

い。そしてこのことと関係しているのか，美的側面を検討している研究が少ないように見受けられる。また，これまでのエグゾチシズム研究のうちの多くは，異国らしさを，ブランド化やそのブランドのグローバルな展開などに結びつけており，異国情緒を感じるという個々の消費者の経験の説明を試みたものではなかった。

先に紹介したように，美的側面については，エグゾチックな食品を美的なものにすることについて論じた研究（Fonseca, 2005）があるが，これはマーケティング戦略としての美化を論じている研究であり，消費者の美的経験という観点から論じたものではない。美的側面は，北欧のニュー・ノルディック・フードの研究（Emontspool and Georgi, 2017）でも取り上げられていたが，研究対象が美食家の経験に絞られていた。

消費者行動研究におけるこれまでのエグゾチスム研究は，各国の伝統や異国らしさを活かした新たなマーケティングを考える上では重要と思われる。また，各国の伝統的産業や音楽のブランド化に真正性の問題がかかわってくる場合が多いことや，ハワイアン・ミュージックがノスタルジアを喚起すること，広告における歴史的ノスタルジアの表現がエグゾチックな側面を持ちやすいことは，消費者の異国情緒経験の説明を検討する際に示唆を与えてくれる。だが，美的経験としての異国情緒経験が，なぜどのように生じるのかという問題の解明にはつながりにくい。美的経験としての異国情緒経験の研究は，消費者行動研究の分野の中でも，「消費者美学」の領域との適合性が高いように思われる。

しかし，消費者美学という研究領域はまだ充分浸透しているとは言い難い。特に日本ではあまり知られていないようである。そこで本書では，次節で消費者美学とは何かについて説明し，消費者美学の立場からの異国情緒の問題のとらえ方を示したうえで，異国情緒経験について検討していくことにする[11]。

11　消費者美学については他の著作（例えば，牧野，2019a）でも紹介したが，ここで改めて簡単に説明する。

2節　消費者美学の立場からとらえるということ

　本節ではまず，消費者美学とはどのような研究領域か，消費者行動研究の分野の中でどのように位置づけられるのかについて説明する。特に，快楽消費研究との関係について詳しく述べる。次いで，異国情緒経験を，快楽消費研究および消費者美学の考え方を基盤として分類する。

(1) 消費者美学とは

　「消費者美学」(consumer aesthetics) とは，消費者行動研究の中の一領域である。「消費の美学」(aesthetics of consumption) とも言われる。アメリカの消費者行動研究者ホルブルック (Holbrook, 1980) を中心とする人々が生み出した研究領域である。

　ホルブルックは，消費者美学という研究領域を「メディア，エンターテインメント，諸芸術に対する，購買者の，認知反応，感情反応，行動反応に関する研究」(Holbrook, 1980, p.104) としてとらえている[12]。簡単に言えば，芸術作品をはじめとする様々な美的なものに対する消費者の反応の研究ということになる[13]。消費者美学研究の先駆けと言えるのは，ジャズ鑑賞に関するホルブルックとヒューバー (Holbrook and Huber, 1979) の研究だろう[14]。

　消費者美学の特徴とも言えるのは，鑑賞の対象を高尚な芸術に限定しない点である。例えば，クラシック音楽を鑑賞することもロックコンサートで楽しむことも，どちらも消費者の美的経験ということになるのであり，ホルブルック (Holbrook, 1980) は，両者の間の線引きはしないと論じている。どちらも問題解決のための情報処理や意思決定とは対置される消費者行動であり，その中での区別は，大きな問題とは見られなかったのである[15]

12　訳は拙著（牧野, 2019, 2022）に基づく。

13　本書における「美的」は，"aesthetic" あるいは "esthetic" の意味で用いている。美しさだけを指すわけではなく，優雅であることやしゃれていることなどの広い意味を持つ。なお，美学の分野では，"aesthetic" は「美的」と訳されることもあれば「感性的」と訳されることもある。

14　もっともホルブルックとツィルリン (Holbrook and Zirlin, 1985) は，消費者美学への関心が生まれたのは 1970 年代半ばであるととらえている。

　消費者美学の対象をさらに広げることもできる。ホルブルックは，椅子やワインボトルにも美的側面はあるのであり，これらを鑑賞の対象とすることもできると論じている。近年の消費者美学では，より積極的に日常的なものへ目を向ける動き（e.g., Patrick, 2016）もある。

　理論的基盤に関しては，ホルブルックは，心理学における新実験美学（Berlyne, 1971, 1974; 第 4 章・第 5 章・終章参照）の考え方を導入している。新実験美学の考え方というのは，覚醒ポテンシャル（知覚者の覚醒水準を変化させる刺激の性質）が中程度であるとき，刺激を気に入る程度や心地よさが最も高くなるという考え方である[16]。「覚醒ポテンシャル理論」等の名称で呼ばれることもある[17]。この考え方を基盤とする研究は近年まで数多く行われてきた。製品デザインの研究にも応用されている。

　しかし，提唱されてからのちの消費者美学の研究の流れを簡潔に説明するのは難しい。それは，消費者美学が，消費経験論（experiential view）および快楽消費（hedonic consumption）の研究と重なり合う形で打ち出され，区別が不明確のまま，諸研究が蓄積されていったからである。

(2) 消費者美学・快楽消費研究・消費経験論の関係

　「快楽消費」の概念と消費経験論の考え方は，消費者美学が提唱されて間もないころにハーシュマンとホルブルック（Hirschman and Holbrook, 1982）によって掲げられた。

　快楽消費という語は，「製品に関する経験の，多感覚的，空想的，感情的な諸側面を指す」（Hirschman and Holbrook, 1982, p.92）と広く定義されている[18]。もっとも，主要と言えるのは肯定的な感情であり（Lee and Vohs, 2016），消費を通じて得られる楽しい経験やうれしい経験が主な研究対象とされてきた。ハーシュマンとホルブルックが快楽消費研究の対象としてあげ

15　ファッションを「応用芸術」と呼んで芸術（fine arts）と区別している研究（Wagner, 1999）はある。
16　牧野（2022）の説明に基づく。
17　牧野（2022）の説明に基づく。
18　訳は拙著（牧野, 2022, p.5）および拙稿（牧野, 2023, p.132）からの引用である。また，快楽消費に関する本書の説明は，主として拙稿（牧野, 2023）に基づく。

た消費者行動の中には，芸術鑑賞やポピュラー・カルチャーの享受が含まれている[19]。これらは消費者美学の研究対象でもある。

　ハーシュマンとホルブルックは，快楽消費の理論的基盤として，モチベーション・リサーチと製品シンボリズムをあげている。モチベーション・リサーチとは，消費者自身が気づいていない無意識レベルの購買動機や選択の動機等を明らかにしようとする調査研究のことである（杉本，2012）。製品シンボリズムとは，製品の象徴的意味の解釈を目的とする研究である。象徴的意味を解釈する消費者行動研究には，社会・文化的意味を解釈する研究と，個人的意味を解釈する研究がある（第 4 章参照）。

　しかし前述の通り，ホルブルックの 1980 年の研究では主として新実験美学の考え方が取り上げられていた。新実験美学の研究は，実証アプローチによって行われる。これに対してホルブルックとハーシュマンの 1982 年の研究では解釈研究が前面に出されているわけである。消費者美学の研究ではどちらのアプローチもあり得ると考えればよいのだろう（第 4 章参照）。

　ホルブルックが考える「製品」は市場での交換の対象に限定されず，広い意味を持っている。また「消費」は，潜在的に価値あるものを得ることや，目標達成，欲求充足などを指しており（Holbrook, 1995），経済活動とは結びつかなくてもかまわない。それゆえに「ほとんど全ての人間活動」(Holbrook, 1995, p.101) が消費者行動研究の対象になるという（第 5 章参照）。消費者美学においては，経済活動との関係が検討されることはむしろ稀ではないだろうか。

　消費経験論とは，消費者行動研究で主流になっている消費者の情報処理を重視する考え方に対して打ち出された考え方であり，消費者の経験全体に着目する。消費経験論が想定する消費経験は，「様々なレジャー活動，感覚的快楽，白日夢，美的楽しみ，感情反応」(Holbrook and Hirschman, 1982, p.132) を含んでいる。また，「主として，象徴的な意味，快楽反応，美的基準を備えた主観的な意識の状態」（同論文，p.132）として消費をとらえている。

19　牧野（2022）の説明に基づく。

　これらの記述から，消費者美学と快楽消費研究と消費経験論が充分に区別されていないということがわかるだろう。提唱者であるホルブルックとハーシュマンは，これらの概念間の関係について特に論じてはいないようである。むしろ三者を重なり合う概念のようにして用いているように見受けられる[20]。

　しかしチャーターズ（Charters, 2006）は，美的経験と他の快楽経験を区別できると考えた。チャーターズは，バンジージャンプのような感覚的な反応を主とする快楽経験と，好きな本を読むことのような認知的な要素を主とする快楽経験は異質であると述べている[21]。どちらも「快楽消費」に属するが，感覚的な反応を主とする経験は「美的経験」とは言えないと論じている。そして，美的経験は快楽消費の一種だが，快楽消費には美的ではないものもあると指摘している。

　チャーターズの考え方をふまえると，快楽消費研究と消費者美学の間には包含関係があると言えるだろう。だがこれらの根底には，消費者の経験の概念を中心に据えるという考え方があると思われる。そのため，消費経験論・快楽消費研究・消費者美学の三者について，消費経験の概念を根底に置いた包含関係を想定することができる。まず，消費者行動研究の分野の中の比較的大きな領域として消費経験論があり，その中の相対的に大きな領域として快楽消費研究があり，その中に，相対的に小さな領域として消費者美学があると考えればよいだろう（牧野, 2015, 2019a; 図3.1）。

　ただしこれら三者には単なる包含関係では充分説明できない部分もある。消費者美学は，心理学における新実験美学（前述）や美学における哲学的感性論，環境美学，アート・マーケティング，感性工学，神経美学など，消費者行動研究以外の様々な学問分野の研究と関心を共有している（牧野, 2019a; 図3.1）。このような特徴は，他の快楽消費研究には見出しにくい。したがって消費者美学は，小さいようでありながらも多くの研究領域に対して開かれた領域と言える（牧野, 2019a）。

20　消費者から見た価値をテーマとした論考（Holbrook,1999）では，遊びから得られる楽しさという価値と，美的経験から得られる美しさという価値が区別されている。しかしこの論考においてホルブルックは，両者の違いを能動的か受動的かであるとしており，チャーターズ（後述）のように，認知の要素の有無によって分類しているわけではない。
21　チャーターズの考え方は拙著（牧野, 2019a, 2022）でも紹介している。

図 3.1　消費者美学・快楽消費研究・消費経験論の関係[1]

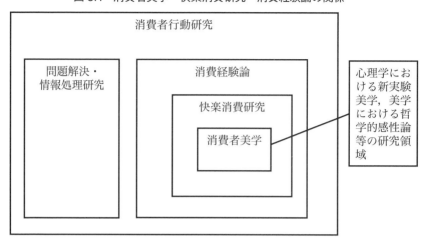

出所：牧野（2015）『消費の美学』勁草書房, p.57, 図 3-1 および牧野（2019a）『日常生活の中の趣』晃洋書房, p.14, 図 1-2 を簡素化して作成した。

（3）カントの美学における「無関心」と快楽消費

　前述のチャーターズが論じた感覚的な反応と美的な反応の区別は，カントの美学にも通じると思われる[22]。カントの『判断力批判』（Kant, 1790/ 1964）に従うと，美的な事物を享受する経験は，感覚的な要素が中心になる快適さの経験とは区別されるべきだからである。

　両者の違いは「無関心性」の有無にある。カントの言う「無関心」とは，「対象の実在への関心」（津上, 2010, p.152）がないこと，つまり実践的関心がないこと（小田部, 2019）を意味する（第 4 章参照）。この概念は，自身にとって直接の利害関係がないこと（津上, 2010）とも説明されている。

　これまで，消費者行動研究の分野では，消費者の美的経験や消費者の価値認識を論じる際にカントが引用されてきた（e.g., Charters, 2006; Holbrook and Zirlin, 1985; Wagner, 1999）。そして，カントの無関心性の概念を導入する場合には，消費自体が目的であり，手段として役立たせるわけではないことを意味することばとして用いられていた。

22　チャーターズは，感覚的な反応と美的な反応の区別について論じる箇所ではなく，美的経験の性質としての「無関心」について論じる箇所でカントを引用している。

　しかし無関心性の有無は，問題解決のための手段としての消費と，それ自体が目的となる消費の区別より，美的経験と言える消費と美的経験とは言えない消費の区別に当てはめるべきではないだろうか。無関心か否かは，図3.1 に当てはめるならば，〈消費経験論〉対〈問題解決・情報処理研究〉ではなく，美的消費か否か，つまり，〈消費者美学〉の研究対象かそれ以外かの区別に該当すると思われる。チャーターズは，無関心性に関連することがらとして感覚依存の快楽を取り上げ，美的経験とは言えないと論じているが，このとらえ方は〈消費者美学〉の研究対象かそれ以外かという分け方に通じると考えられる。この点を整理するためには，美的経験か否かの観点から快楽消費をタイプ分けすることが有効であろう。

(4) 快楽消費の三分類

　チャーターズの言う感覚的な反応と美的な反応の区別に基づけば，快楽消費は二つに分けられる。感覚的な反応が中心となる快楽経験と，美的な快楽経験を分ける考え方は，拙著（牧野，2019a）においても示した。ただし拙著では，これらのほかに，課題遂行による快楽経験も存在すると考えた。課題遂行による快楽経験とは，難易度の高いことがらに挑戦して成功したときや，目標を達成したときに生じるような快楽の経験を指す。

　感覚的な反応が中心となる快楽経験と美的な快楽経験の区別は，心理学における美的快楽の研究とも関連すると考えられる。というのも，心理学においては，美的快楽を分類する研究があるからである。アームストロングとデトワイラー－ベデル（Armstrong and Detweiler-Bedell, 2008）の研究では，知識の獲得の観点から，既に持っている知識を維持・保護することを目標とする美的快楽と，知識を再形成・拡張することを目標とする美的快楽を分けている。そして，前者をカントの言う快適さに対応させ，後者をカントの言う美に対応させている。

　拙著では，快楽消費を，感覚依存型快楽消費，感性型快楽消費，課題遂行型快楽消費の三つのカテゴリーに分類した。そして各カテゴリーについて以下のように説明した[23]。

・感覚依存型快楽消費……知覚した事物に対して，認知反応をほとんど伴
　わない快の感情反応が生じる経験。心地よいと感じるなど。
・感性型快楽消費…………知覚した事物に対して，快の感情反応と正の価
　値認識が生じる経験。懐かしさや温もりを感じることなど。
・課題遂行型快楽消費……知覚した事物に対して，快の感情反応が生じる
　だけでなく，その事物が課題としてとらえられる経験。難易度の高いパ
　ズルに挑戦して楽しいと感じるなど。

　先に紹介した「製品に関する経験の，多感覚的，空想的，感情的な諸側面
を指す」（Hirschman and Holbrook, 1982, p.92）という快楽消費の定義に
おいて，「製品」を「異国らしい特徴を持つ事物や情景」に置き換えれば，
異国らしさ経験は快楽消費の一種と言える。そこで以下では，この三分類を
基盤として異国情緒の分類を試みる。

(5) 異国情緒経験の分類

　先に，快楽消費を，感覚依存型，感性型，課題遂行型の三つに分類した。
異国情緒経験を快楽消費の一種とみなす立場からは，この三分類を異国情緒
経験の分類に当てはめることができそうである。しかし異国情緒経験は，他
の多くの快楽消費とは以下の点で異なっている。

　第一に，拙著で示した快楽消費の三分類では，感情反応については快の反
応だけを想定していた。これに対して，異国情緒を感じるときは快とは限ら
ず，もの悲しさやもの寂しさを感じることもあるだろう。そのため，これら
の感情が生じる場合も想定する必要がある。

　第二に，前述の三分類では「感性型」ということばを用いていたが，感性
という概念はかなり広い。美や崇高を感じることも情趣を感じることも含ま
れる。また，論者によって意味合いが異なることもある。異国情緒経験は，
美や崇高を感じる経験である場合より，情趣を感じるような経験である場合
が多いだろう。そこで本書で異国情緒経験を検討するにあたっては，感性型

23　拙著（牧野, 2019a, pp.11-12）の記述に基づく。

表3.1　快楽消費の観点から見た異国情緒経験の分類

快楽消費のタイプ別の異国情緒経験	異国情緒経験の美的本質性	異国情緒経験の例
感覚依存型異国情緒経験	美的経験としての異国情緒経験に準ずる経験	理解しがたい不思議な魅力を感じる経験，もの珍しさに心をときめかせる経験など
情趣型異国情緒経験	美的経験としての異国情緒経験	なじみの事物や情景とは異なっていることに風情や詩的な哀感を見出す経験
知的満足型異国情緒経験	美的経験としての異国情緒経験に準ずる経験	知的欲求の充足による楽しさの経験，目標達成による喜びの経験など

を情趣型に置き換える。

　第三に，前述の三分類では「課題遂行型」というカテゴリーを設けていたが，「課題遂行」ということばは異国情緒経験の説明にはふさわしくないように思われる。異国情緒を感じることによってなんらかの課題を遂行するということはあまりないと考えられるためである。そこで本書では，先に紹介したアームストロングとデトワイラー―ベデルの論考を参考として，「課題遂行型」の代わりに「知的満足型」ということばを用いることとする。つまり，知識の深まりによって満足が得られる異国情緒経験を知的満足型異国情緒経験と呼ぶ。

　もっとも，アームストロングとデトワイラー―ベデルは，美を知識の再形成・拡大の経験としてとらえているため，この点では本書と異なる。というのも，本書では，情趣（「美」に対応する）を感じる異国情緒経験と知識の再形成・拡大をもたらす異国情緒経験を区別しているためである。

　本書では，以上の点をふまえて異国情緒経験を分類する。つまり，感覚依存型異国情緒経験，情趣型異国情緒経験，知的満足型異国情緒経験の三つに分類する（表3.1）。

　感覚依存型異国情緒経験は，感覚刺激を受け止めることから生じる快の感情経験が中心となる異国情緒経験である。理解しがたい不思議な魅力を感じ

75

る経験や，もの珍しさに心をときめかせる経験などが該当する。初めて行った国で新しい体験をしてワクワクドキドキするというような経験も，ワクワクドキドキする部分が経験のほとんどを占めているのであれば，感覚依存型に属する。ただしこのタイプの異国情緒経験は，美的経験の本質性という観点からは，真の異国情緒経験とは言えない。チャーターズが論じたような認知的側面を欠いているからである。しかし実際には，こうした経験も異国情緒の経験として語られることがある。そこで本書では，この種の異国情緒経験を異国情緒経験に準ずる経験と考え，考察の対象に含めることとする。

　情趣型異国情緒経験は，美的価値認識を伴う異国情緒経験である。そのため，美的経験の観点から，真の異国情緒経験と言える。セガレン（第1章参照）が論じた本質的エグゾチスムともほぼ対応する。消費者美学の立場から扱うべき異国情緒経験はこのタイプである。なじみの事物や情景とは異なる事物や情景に対して風情やもの悲しさを感じる経験を指す。例えば，見知らぬ国の見知らぬ街の様子を見てなんとなくしみじみとした気持ちになるといった経験は，このタイプに属する。

　知的満足型異国情緒経験は，当該の異国に関する知的欲求の充足による楽しさの経験や，目標達成による喜びや満足の経験などがこれに属する。例えば，ある異国を訪ねたときに，当該の異国の歴史や地理について本で読んで知っていただけのときと比べて深く理解できた，実感できた等と感じる経験は，このタイプに属する。ただし，このタイプの経験は美的判断を必要とするわけではない。そのため，美的経験の本質性という観点からは，感覚依存型と同様に，異国情緒経験に準ずる経験ということになる。

第4章
異国情緒経験モデルの提案

　この章では，異国情緒経験と共通の要素を持つ先行研究のモデルを二つ紹介し，これらをふまえて異国情緒を感じるという経験を説明するための概念モデル「異国情緒経験モデル」を掲げる。先行研究のモデルとして紹介するのは，もの悲しさ等の詩的哀感の経験を説明するためのモデルである「詩的哀感生起モデル」（牧野, 2022）と，意味解釈の観点から広告への接触経験を説明するモデルである「広告経験の意味ベースモデル」（Mick and Buhl, 1992）である。

　異国情緒経験モデルについては，全体像，前提条件，主な要因について論じる。また本モデルにおいて重要な役割を果たすと考えられる事物の象徴的意味と異国らしさの認知についても論じる。

1節　「詩的哀感生起モデル」とその応用の可能性

　消費者美学において，情趣を感じる美的経験を説明する概念モデルというものは今のところほとんど存在しない。しかし拙著（牧野, 2022）において，もの悲しさ等の詩的な哀感の生起を説明するための概念モデルを構築した。本書でも，情趣を感じる美的経験としての異国情緒経験を中心に据えているため，詩的哀感生起モデルを応用することを試みる。

　詩的哀感モデルでは，知覚を起点とするか想起を起点とするかによって二つの経路を設けている（図4.1）。「美的価値認識」と「感情反応としての悲しみ」，あるいは，「美的価値認識」と「知覚された悲しさ」が統合されると，

図 4.1　詩的哀感生起モデル[1),2)]

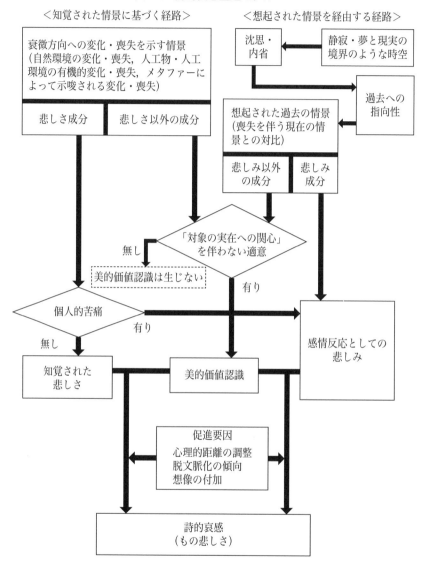

<知覚された情景に基づく経路>　　　　<想起された情景を経由する経路>

注：1) 分岐点のみフローチャートの形で示した。
　　 2) 詩的哀感の代表例として「もの悲しさ」を取り上げている。

出所：牧野（2022）『情景と詩的哀感』p.108, 図5.1, 晃洋書房より許可を得て転載。

情景に対して詩的哀感が感じられることが想定されている。音楽心理学の分野では，悲しさと美しさは相関が高いということを示した実証研究（Eerola and Vuoskoski, 2011）があり，このことから拙著（牧野, 2022）では，悲しさと美しさは親和性が高いと推測した。

　美的価値認識については，カント（Kant, 1790/1964）のことばを当てはめ，「対象の実在への関心」（津上, 2010, p.152; 第 3 章参照）のない適意があれば生じると考えた[1]。つまり，何かの目的の達成のために役立たせる等の意図を一切抜きにして，そのもの自体を享受するときに適意があれば，美的価値認識が生じると考えられる。ここで言う「適意」とは，「美しいものの適意」（小林（信）, 2021a, p.20）である。小林（信）の説明を参照すると，これは「普遍的欲求充足としての快」（同論文, 同ページ）であり，「たんなる感官的感覚の満足」（同論文, 同ページ）とは区別される。

　本モデルでは，美的価値認識と感情反応としての悲しみ，あるいは，美的価値認識と知覚された悲しさが統合されてから詩的哀感が生起するまでに，心理的距離の調整，脱文脈化の傾向，想像の付加が，促進要因として働くと考えている。拙著（牧野, 2022）では，これらの要因について，次のように説明した。

　「心理的距離の調整」とは，解釈レベル理論に基づく要因である。解釈レベル理論とは，思考の対象となるできごとまでの心理的距離（psychological distance）が長いほど，抽象的かつ一般的な表象が形成されると考える理論であり（e.g., Förster et al., 2004），心理的距離とは，経験主体から対象までの主観的な距離の経験を指す（e.g., Trope and Liberman, 2010）。この理論が提唱された当初は時間的距離が取り上げられていたが，その後，空間的距離や社会的距離等も取り上げられるようになった。「脱文脈化の傾向」とは，情景を知覚あるいは想起する人が，その情景に含まれる普遍的な美的要素に気づく傾向を指す。「想像の付加」とは，知覚や想起の経験をより美

1　小林（信）（2019）によると，カントは，美的なものを広義の合目的性に結びつけており，「概念的な価値や認識から遮断」（p.4）していたということである。そのため拙著（牧野, 2022）では，この点に関しては，詩的哀感生起モデルはカントの考え方に基づくと言えないと述べた。

的にするような想像力の作用を指す。特に，幻想的な想像を付加することが，詩的哀感の生起を促進すると考えた。

　本書ではこのモデルを部分的に応用することを試みるが，異国情緒を感じるという経験は，情景を対象とする場合であれ事物を対象とする場合であれ，基本的には眼前の事物の知覚に基づくと考えられる[2]。そこで本書では，知覚と想起の二つの経路を想定するのではなく，知覚を起点とする経路に絞って異国情緒経験について検討していく。

　そして，詩的哀感生起モデルにおける「悲しさ」を「異国らしさ」に置き換えることを試みる。ただし，異国らしさを知覚すれば必ず異国情緒を感じるというものではない。第 2 章で検討したように，表面的な異国らしさを認知するだけでは，美的経験としての異国情緒経験は生じない。

　異国らしさの認知が知覚者自身にとって意味のあるものとなり，本質的な異国らしさとして認知されたとき，これが美的価値認識を生じれば，美的快楽消費としての異国情緒経験が生じると考えられる。そのため，異国情緒経験の説明においては，異国らしさの認知がいかにして美的に深まっていくのかを説明することが重要になる。

　また，促進要因も，もの悲しさの美的経験とは同一ではないだろう。例えば，異国らしさを認知しながらも「心理的距離」が短いという状況は考えにくい。異国情緒経験においては，「心理的距離の調整」とは異なる要因が促進要因として働くことが予想される。

2節　ミックとビュールによる「広告経験の意味ベースモデル」とその応用の可能性

(1) マックラッケンの「意味ベースモデル」

　ミックとビュール (Mick and Buhl, 1992) が構築した「広告経験の意味ベースモデル」(meaning-based model of advertising experiences, 後述)

2　過去に見た異国らしい情景や事物を想起したり，読書や音楽鑑賞から異国らしい情景や事物を想像したりすることもあり得るが，想像や想起のみによって思い描かれる対象は鮮明なものになりにくいと考えられるため，本書では取り上げない。

の背景となっている研究の一つに，マックラッケン（McCracken, 1987）の意味ベースモデル（meaning-based model）に関する研究がある[3]。

　マックラッケンの意味ベースモデルというのは，消費者は商品を通じて様々な文化的意味を把握するという考え方を基盤にしたモデルである。文化的意味とは，文化内で共有された意味のことである。マックラッケンによると，消費者は文化的文脈の中に存在しており，文化的プロジェクトに従事している。文化的文脈とは，文化的に構成された世界を指しており，文化的に構成された世界は文化から様々な意味を提供されている。文化的プロジェクトとは，自己や自分の家族，社会的地位，国，世界等の概念を作り出すために行っている活動を指している。マックラッケンは，商品が文化的意味の源泉の一つになっていると考えた。そして広告が，文化的に構成された世界から商品へと意味をつなぐ導管の役割を果たしていると考えた。

(2) ミックとビュールによる「広告経験の意味ベースモデル」

　ミックとビュールは，マックラッケンの意味ベースモデルや自己に関する研究等を広告経験（広告を見たり聞いたりする経験）の説明に応用することを考え，「広告経験の意味ベースモデル」を掲げた[4]（図 4.2）。従来の広告研究では，消費者は，アイデンティティを持たない単独の主体であり，広告に示されている情報に対して説得ルートに従って反応することが想定されていたとミックとビュールは論じた。だが実際にはそうではないだろう，広告の意味を最終的に決定するのは個々の消費者である，という考えが彼らの研究の出発点にあった。このモデルはそのことを明確に表している。

　広告経験の意味ベースモデルによると，個々の消費者はライフ・テーマを持ち，ライフ・プロジェクトに従事する存在である。ライフ・テーマとは個々の消費者が生きていくうえで根底に持ち続けている関心のことである。ライフ・プロジェクトとはライフ・テーマを表す様々な行為のことであり，

3　本節におけるマックラッケンの意味ベースモデルおよびミックとビュールによる広告経験の意味ベースモデルの説明は，主として拙稿（堀内，2006）に基づいている。

4　マックラッケンの研究も広告を取り上げたものだが，広告経験を説明する研究ではない。

図 4.2　広告経験の意味ベースモデル
A MEANING-BASED MODEL OF ADVERTISING EXPERIENCES

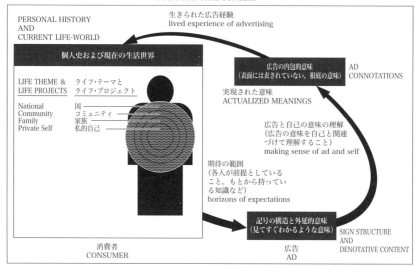

社会文化的文脈
SOCIOCULTURAL CONTEXT

注：国領域（この国の人間としての自分）のライフ・プロジェクトは，自分自身の国民性，国際性と結びつく意味を包含する。

　コミュニティ領域（このコミュニティに属する人間としての自分）のライフ・プロジェクトは，自分自身の居住地，仲間，職業と結びつく意味を包含する。

　家族領域（この家族に属する人間としての自分の）ライフ・プロジェクトは，親，兄弟・姉妹，配偶者，子どもを含む自分自身の家族のメンバーと結びつく意味を包含する。

　私的自己領域（一個人としての自分）のライフ・プロジェクトは，個人的活動と個人的関心を含む個性化された人間としての存在と結びつく意味を包含する。

　　能動的か受動的かのような広い領域のライフ・テーマを指す。

出所：Mick and Buhl, 1992, p. 319, FIGURE 1,『広告の文化論』（真鍋一史編著，日経広告研究所，2006）p.33 堀内（訳），図表 2 を一部修正して掲載。

出典：Mick, David G. and Claus Buhl (1992), "A Meaning-based Model of Advertising Experiences," *Journal of Consumer Research*, 19 (3), 319. Translated and reproduced by permission of Oxford University Press on behalf of the Journal of Consumer Research Inc.. OUP and the Journal of Consumer Research Inc. are not responsible or in any way liable for the accuracy of the translation. The Licensee is solely responsible for the translation in this publication/reprint.

私的な自己や家族，コミュニティ，職業，国に関係する意味にかかわっているという。そして個々別々の背景を持つ消費者が様々な広告に接触することになる。

　ミックとビュールによると，広告は「外延的意味」（表示義）と「内包的意味」（共示義）を持っている[5]。外延的意味というのは見てすぐにわかる意味である。内包的意味とは記号構造であり，高次の意味であるという。また，内包的意味は広告によって示唆されることがらを指すが，これは予め決まっているのではなく，受け手によって変わるという。ミックとビュールのモデルでは，消費者は自身のライフ・テーマと結びついているライフ・プロジェクトに基づいて広告の内包的意味を実現する。つまり，消費者は自己と関連づけて広告の意味を理解するということだろう。そしてこのとき，「生きられた広告経験」（本節後述）が生じるとされる。

　このモデルにおいて見落としてはならないのは，広告経験は広告主の意図とは関係ないという点であろう。商品について正しく理解することや，広告によって説得されることは，このモデルとは関係がない。この点は，この研究より前に行われているミックとポリティ（Mick and Politi, 1992）の広告研究を踏襲していると考えられる。ミックとポリティの研究では，消費者が広告を正しく理解したかどうかを明らかにすることではなく[6]，消費者による広告解釈のプロセスを特徴づけるものは何かを明らかにすることを優先する必要があると論じられている。

　ミックとビュールは，広告経験の意味ベースモデルの評価をするために，雑誌広告を提示して自由に語ってもらうインタビュー調査を実施しているが，質問に対する回答は一人ひとり異なっている。商品とは関係のない広告表現要素に対する回答も見られる。例えば，スノーモービルで遊んだ後にウ

5　"denotation" と "connotation" の訳である。ミックとビュールはウンベルト・エーコの記号論を基盤としている。エーコの記号論に関する池上（嘉）（2013）の解説をふまえると，「内包」は他の語に当てられるため，「表示義」と「共示義」と訳す方が良いと言える。だが本書では，記号論を専門としない立場からとらえたときのわかりやすさを優先し，「外延的意味」，「内包的意味」という訳語を用いる。
6　ミックとポリティは，言語情報が少なく，写真が主な構成要素になっている広告についてこのことを論じている。

イスキーを飲んで温まっている様子を描いたウイスキー広告を見たある回答者は，その広告から海外の有名なテレビドラマを連想したり[7]，その広告に登場する人物が誠実そうに見えないと答えたりしている。ミックとビュールはこうした回答を回答者のライフ・テーマに即して解釈している。

　また広告経験の意味ベースモデルの中で「生きられた広告経験」ということばが用いられているのは，ミックとビュールの研究が実存的現象学の考え方に依拠しているためである。この研究においては「生きられた」ということばに関する詳しい説明はないが，ヴァン＝マーネン（van Manen, 1990/2011）によると，「生きられた経験」は反省的な意識を含んでいる。そして「現象学的反省の目的」について，「あるものの本質的な意味を捉えようとすること」（ヴァン＝マーネン，1990, 村井（尚）訳，2011, p.127）と論じている。また「生きられた意味」とは，「ある人が自身の世界を現実的で意味深いものとして経験し，理解している仕方のこと」（同訳書，p.280）であるという。したがって，ミックとビュールが論じた「生きられた広告経験」とは，現象学的反省によって本質的な意味をとらえる広告経験を意味していると考えられる。

　ミックとビュールのモデルは消費者行動研究あるいは広告研究の分野においてその後充分広まっているとは言い難いように思えるが，このモデルを受け継いでいる研究（Parker, 1998）や，受け継ぎつつも改変したモデルを構築している研究（Meline, 1996; Kenyon et al., 2008）がある。これらのうちメライン（Meline, 1996）の研究では，消費者の目標と知識が広告の意味解釈に影響を及ぼすことを示す概念モデルが掲げられている。ただしメラインの研究で取り上げられている知識は，商品に関する知識ではない。広告主による説得の意図やマーケティング戦略に関する消費者の知識のことであり，広告に示された意味が真実であるということの評価に用いられる。一方，ケニヨン他（Kenyon at al., 2008）の研究では，文化に関する消費者の知識や消費者自身の商品の経験に関する知識等が広告の意味の解読に影響を与えることが示されている。

7　回答者はデンマークの3人の兄弟であり，連想されたのはアメリカのテレビドラマである。

(3) 本書における「広告経験の意味ベースモデル」の応用

　ミックとビュールによる広告経験の意味ベースモデルにおいて本書が注目したいのは，個々の消費者が様々な文化的背景を持つ存在として想定されている点と，広告の意味を外延的意味と内包的意味の二段階でとらえている点である。個々の消費者が各人の文化的背景を持っていることは，異国らしさの認知が相対的であることに通じる。また，広告の意味を外延的意味と内包的意味に分けることは，異国らしさを表面的な異国らしさと本質的な異国らしさに分けることと共通している。消費者が自己と関連づけつつ本質的な異国らしさを認知した時，その関連づけは情趣としての異国情緒経験をもたらす要因になるだろう。

　もっとも，本質的な異国らしさを認知したからといって，それが美的経験になるとは限らない。深い知的な経験というものもあり得る。美的経験としての異国情緒経験が生起するためには，本質的な異国らしさの認知だけでなく，前述の通り，美的価値認識が必要になると考えられる。

　本書では，知識の役割にも注目する。ミックとビュールは知識について詳細な検討を行っていないが，ミックとビュールの研究をふまえて行われたケニョン他の広告研究では消費者の知識の重要性が示されていた。異国情緒経験における知覚対象は異国らしい特徴を持つ事物や情景であるがゆえに，知覚者に充分な知識が備わっていることは少ないと思われる。だが，第3章で述べたように，本から得た知識としてのみ把握していた事物や情景を実際に見聞きしたとき，異国情緒を深く感じるということはあり得る。

3節　異国情緒経験モデル

(1) 異国情緒経験モデルの基本構造

▶ 異国情緒経験モデルの全体像

　本節では，1節で紹介した詩的哀感生起モデルの考え方（牧野，2022）と，2節で紹介したミックとビュールによる広告経験の意味ベースモデルを部分的に応用し，異国情緒経験の生起を説明する概念モデル（図4.3）を掲げる。本書ではこれを「異国情緒経験モデル」と呼ぶ。このモデルで中心的な役割

図 4.3　異国情緒経験モデル[1]

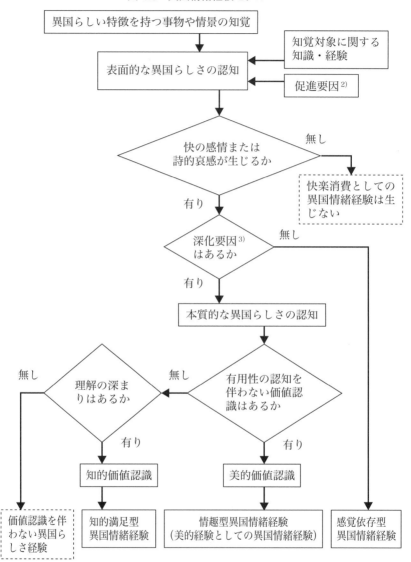

注：1) 分岐点のみフローチャート形式で示している。
　　2), 3) 促進要因・深化要因は表 3.1 に示している。

表 4.1　異国らしさの認知の促進要因と深化要因

促進要因	象徴的意味（主として文化的意味）[1]，新奇性（目新しさ），不思議さ
深化要因	象徴的意味（主として個人的意味）[2]，歴史的・文化的背景の把握・実感，遠さあるいは末端に位置すること，想像の付加，ノスタルジアの喚起[3]

注：1), 2)　象徴的意味の要因は他の要因と必ずしも独立ではない。例えば，個人的な「象徴的意味」が「ノスタルジアの喚起」と結びつくということがある。
　　3)　歴史的ノスタルジアの喚起あるいは個人的ノスタルジアの喚起を指す。

を担うのは，表面的な異国らしさの認知および本質的な異国らしさの認知と，美的価値認識である。またこのモデルには，表面的な異国らしさの認知を促進する要因（以下では「促進要因」と表記する）と，深化させる要因（以下では「深化要因」と表記する）も含まれる（図4.3）。これらの要因の具体的な内容を表4.1に示す。

　なお，本書における「深化」とは，知覚者にとってより重要な意味を持つようになることを指している。認知的な処理のレベルが深いという意味ではない。

　本節では，異国情緒経験モデルの全体像について，消費者行動研究のほかに，認知心理学と美学の考え方も参照しつつ，論じていく。まず主な構成要素と全体的な流れについて述べる。次に，本モデル内で出発点となっている表面的な異国らしさの認知について述べ，さらに，促進要因と深化要因（表4.1）について述べる。事物の象徴的意味の問題も取り上げる。

▶ 異国情緒経験モデルを構成する三つの側面

　異国情緒経験モデルは，異国らしい特徴を持つ事物や情景の知覚から異国情緒経験が生じるまでの流れについて説明するモデルである。このモデルでは，異国らしさの認知と感情反応と価値認識の三つを重要な構成要素としている[8]。モデル（図4.3）に示した要因とこれらの要素の対応関係は次の通りである。

8　情趣経験を，知覚，感情反応，価値認識から成るとする考え方は，日常生活の中の趣について論じた拙著（牧野, 2019）に基づいている。

　　異国らしさの認知……「表面的な異国らしさの認知」,「本質的な異国らし
　　　　さの認知」
　　感情反応……「快の感情または詩的哀感」[9]
　　価値認識……「美的価値認識」,「知的価値認識」

　本モデルは，これらの要因によって異国情緒経験が生じることを示してい
るが，「本質的な異国らしさの認知」,「美的価値認識」,「知的価値認識」が
必要かどうかは異国情緒経験のタイプによると考えている。
　本書では要因間の因果関係は検討しないが，まず対象の知覚，次いで異国
らしさの認知，その後に価値判断が生じるという本モデルの全体的な流れは，
無理のないものと思われる。実際，美的判断をするときの脳の活動を調べる
研究（Cela-Conde et al., 2004）では，印象派の絵画作品や風景写真等を
提示してから 400-1000 ミリ秒後に活動が高まる部位があることが確認され
ている。そしてこの研究を紹介している川畑（2019）は，400-1000 ミリ秒
の時間を，視覚情報処理を経て美的判断が生じるまでの時間ととらえている。

▶ 異国らしさの認知の二段階区分

　本モデルでは，異国らしさの認知を二段階に分けている。表面的な異国ら
しさの認知の段階と，本質的な異国らしさの認知の段階である。これらのう
ち，本質的な異国らしさの認知という概念は，セガレン（Segalen, 1904-
1918/1995; 第 1 章参照）が掲げた「本質的エグゾチスム」を参考にしてい
る。
　本モデルにおける表面的な異国らしさの認知と本質的な異国らしさの認知
という段階分けは，先に紹介した広告経験の意味ベースモデル（Mick and
Buhl, 1992）における「外延的意味」と「内包的意味」の区分にほぼ対応し
ている。つまり，表面的な異国らしさの認知は外延的意味に，本質的な異国
らしさの認知は内包的意味に，それぞれ対応している。
　また，本モデルにおける認知の段階分けは，美学におけるホスパース

9　感情反応として，快の感情以外に詩的な哀感も想定しているが，これは，情景に対して
　感じられる詩的な哀感について論じた拙著（牧野, 2022）をふまえた考え方である。

(Hospers, 1946) の考え方とも対応している。ホスパースは，芸術作品やデザインの美的価値について論じるにあたり，「美的」ということばの意味を，薄い意味と厚い意味に分けてとらえた。薄い意味とは，線と色の関係など，形態的な特徴に基づく意味である。厚い意味とは，形態的な特徴にとどまらず，知覚者自身がそれまでの人生経験に照らしてとらえる意味である。ホスパースは，絵画作品から伝わってくる雰囲気 (mood) や楽曲における「悲しさ」，詩における愛の感情などを，厚い意味の例としてあげている。そして，厚い意味はライフ・バリュー[10] を持っているととらえている。

　なお，ホスパースが用いている "mood" という語は，第1章で紹介した野田 (1949/1984) のとらえ方をふまえると，明治末期に使われ始めた「異国情調」における「情調」にかなり近い意味を持っていると考えられる。

　環境美学の領域では，カールソン (Carlson, 2009) がホスパースの薄い意味と厚い意味の区別やこれと共通する他の論者の分類を自然環境の鑑賞に当てはめている（後述）。そこでこれらの区別を，異国らしい特徴を持つ事物や情景の知覚に当てはめてみることもできるだろう。

▶ 異国情緒経験の構成要素としての価値認識

　第3章で述べたように，本書では，ホルブルック (Holbrook, 1995) の考え方に従い，欲求充足や価値の達成を意味する広い概念として「消費」をとらえている。また消費者行動研究の分野では，「欲求」の概念が意味するところは広い。消費者の欲求について考えるにあたっては心理学者マズロー (Maslow) の研究がしばしば参照されてきた（牧野, 2019）。マズローは欲求階層説で広く知られている。欲求階層説とは，人間の基本的な動機づけには，生理的欲求，安全の欲求，所属と愛の欲求，承認の欲求，自己実現の欲求があり，これらが階層構造を成しているという考え方である（マズロー，1954/1987）[11]。

　だがマズローは，これらのほかに，「知る欲求と理解する欲求」（マズロー，1954, 小口訳, 1987, p.74）と「美的欲求」（美しいものへの欲求）をあげて

10　人生の根源にかかわる価値を意味していると思われる。
11　欲求の名称については小口 (1987) の訳に倣った。

いる。異国情緒経験は基本的欲求を満たす経験とは言い難いのであり，「知る欲求と理解する欲求」および「美的欲求」の観点からとらえることが妥当と思われる。そこで本モデルでは，美的欲求に対応する価値認識として美的価値認識を位置づけ，知る欲求と理解する欲求に対応する価値認識として知的価値認識を位置づける。

　なお，本モデルにおける知的価値認識と美的価値認識の区別は，美学における感性論の考え方とも共通する部分を持っている。というのも，学問としての美学を確立したと言われるバウムガルテン（Baumgarten, 1750/1758/2016）は，「知性的認識」と「感性的認識」（バウムガルテン，1750/1758, 松尾訳, 2016, p.22）を区別しているためである（序章参照）[12]。もっともバウムガルテンは表象の判明性の程度によって両者を区別しており，この点では本モデルとは異なる。またバウムガルテンの言う「認識」が対象をとらえること一般を意味しているのに対し（津上, 2023），本モデルでは価値の認識に限定して，知的な認識と美的な認識を区別している。

（2）異国情緒経験の前提条件

　知覚者は，皆同様に白紙の状態で事物や情景を知覚するのではない。ミックとビュール（Mick and Buhl, 1992）の研究にも示されているように，各人が各様の背景や文脈を持っている。異国らしさの認知に関係すると考えられるのは，当該の異国に関する知識や経験等であろう。

　知識や経験が多い場合には，なんらかの手がかりがあれば，眼前の事物や情景を異国らしいと感じやすいだろう。しかし知識や経験が多すぎると，異国らしいという認知は抑制されるかもしれない。仮に毎週末訪れている異国があったとしたらどうだろう。すっかりなじんでしまい，異国らしさは認知されにくくなると思われる。

　では，知識や経験が少ない場合はどうだろうか。快楽消費研究では，知識が豊富である方がより大きな快楽を得られるという考え方がある一方で，知識が豊富な消費者は標準的な消費経験には満足できないということも指摘さ

12　バウムガルテンの著作『美学』に基づく考え方である。バウムガルテンの『美学』の解釈にあたっては，津上（2023）の著作も参照した。

れている（Alba and Williams, 2013）。この知見を異国らしさの認知に当てはめてみると，知識が乏しいからこそ新奇なものとして感じられ，楽しめるということもあると言える。この問題については，促進要因としての新奇性について述べる際に再び取り上げることとする。

　本モデルでは，「知覚対象に関する知識・経験」を，異国情緒経験が生じることの前提として位置づけた。知識も経験もなかったら，なじみではない事物や情景に接したとき，異国らしさの認知より，不安，不可解等の感情や印象が生じやすいだろう。

　もっとも，この時点で必要とされる知識や経験は，浅いレベルでかまわない[13]。漠然とした印象を生じるような知識や経験でもよい。ヤシの木が生い茂っているから南国らしいとか，雪山がたくさん見えるのでアルプスのようだとかいうとらえ方がこれに該当する。こうしたとらえ方は，主として知覚対象の外見的特徴に依存する。視覚的な特徴に限らず聴覚的な特徴や嗅覚に訴える特徴でもよい。例えば，なじみのない香りがあたりに漂っていることから異国らしさを認知するということがあり得る。

　また，この段階における知識は，正しくあらねばならないというものではない。ある人がある国の事物や情景に対して，本国の人から見ればまちがった理解をしていたとしても，異国情緒経験は生じ得る。誤解に基づく経験は望ましくないという考え方もあり得るが，誤解の是非を問うことや真偽の確認は本書の目的ではないため，本書ではこの問題に立ち入らない。

(3) 事物の象徴的意味

▶ 本モデルにおける象徴的意味の位置づけと種類

　本モデルでは，象徴的意味の要因を，異国らしさの認知の促進要因としても，深化要因としても位置づけている。商品や消費の行為に象徴的意味があるとする立場の研究では，まず，意味を受け止める主体を明確にしておく必

13　環境美学の分野においては，自然環境を鑑賞する際に，鑑賞の対象が自然であるという最低限の知識が必要であるとする立場があるという（青田，2021; Carlson, 2009）。本モデルが想定している浅いレベルの知識は，環境美学において論じられている最低限の知識と共通点があると思われる。

要があるだろう（牧野, 1996）。ここで参考になるのは, ハーシュマン（Hirschman,1980）が掲げた「意味の層モデル」である。ハーシュマンは, 商品の意味には大きく分けて三つの層があると考えた。第一の層は, 物理的に確認できる客観的な属性に基づく意味である。この層は, 消費者によって変わることはない。第二の層は, 文化内で共有されている主観的な属性に基づく層である。第三の層は, 個々の消費者の経験に依存する主観的な属性に基づく層である。この層から生じる意味は同じ文化内でも共有されない。ハーシュマンはこれらの関係を包含関係にある円を用いて図示している[14]。

　ハーシュマンによるこの論考に限らず, 消費者行動研究の分野における意味解釈研究には, 文化的意味を解釈する研究もあれば個人的意味を解釈する研究もある（牧野, 1996[15]; Hoyer et al., 2018; 第 3 章参照）。例えば, ヘルスケア商品の広告の意味を解釈する研究（Thompson, 2004）では主として文化的意味が解釈されており, 所持品の処分に関する研究（Lastovicka and Fernandez, 2005）では私的意味[16]と公的意味[17]の両方が解釈されている。

　先に紹介したミックとビュールのモデルでは, 広告によって伝えられる象徴的意味が, 外延的意味と内包的意味に分類されている。外延的意味は見てすぐわかる意味であり, 内包的意味は, 広告に接触した人が, 広告と自己を関連づけたときに理解できる意味である。

　ミックとビュールはこのモデルを掲げるにあたってハーシュマンの意味の層モデルを参照しているわけではないが, ハーシュマンが論じた三つの層のうち, 物理的な属性に基づく層を除けば, 両者を対応させることができる。つまり, 事物が持つ象徴的意味には, 知覚者個人にとっての意味と, 文化内で共有された意味があると考えることができる。

　異国らしい特徴を持つ事物や情景の象徴的意味には, これらのうち, どち

14　ハーシュマンの図には, サブカルチャー（例えば, 特定の文化圏内の若者文化等, 文化圏内に存在する文化）内で共有される意味も示されているが, 点線表示になっているため, ここでは省略した。

15　拙稿（牧野, 1996）では, 消費財と消費行為を分けたうえで, 消費財の社会・文化的意味, 消費行為の個人的意味, 消費行為の社会・文化的意味の三つについて検討した。

16　本書における個人的意味に相当する。

17　「ハイソサエティ」等の意味があげられているため, 本書における文化的意味に近い概念であると考えられる。

らも該当し得る。見てすぐわかるような属性から把握される象徴的意味もあれば，知覚者自身の経験等との結びつきから把握される象徴的意味もあるだろう。そして，見てすぐわかる象徴的意味は文化内で共有されているのに対し，知覚者個人の経験に基づく象徴的意味は，文化内で共有されていない。前者は主として異国らしさの認知を生じる際の促進要因として作用し，後者は，主として異国らしさの認知を深化させる要因として作用すると考えられる。以下では，これらの点についてもう少し詳しく述べていきたい。

▶ 表面的な異国らしさの認知を促進する象徴的意味

　表面的な異国らしさの認知の促進要因として位置づけられている象徴的意味は外見的な特徴に基づいており，ミックとビュールによる広告経験の意味ベースモデル（図4.2）における外延的意味に相当する。この段階で作用する象徴的意味は，主として文化的な象徴的意味である。

　商品や消費の象徴的意味については，広告研究などの分野で検討されてきたが，ここでは身近な商品のパッケージを例として，文化的象徴的意味の問題について考えてみたい。以下に示すのは異国らしさではなく自国らしさの例になるが，文化的象徴的意味の例としてわかりやすいと思われる。

　図4.4aと図4.4bには，共に富士山が描かれている。図4.4aは亀田の柿の種であり，図4.4bはギョーザであるから，どちらも富士山とは本来関係がない。日本文化を知らない消費者が見たらなぜ富士山が描かれているのかと疑問に思うのではないだろうか。しかし日本で暮らす消費者の多くは，富士山は日本一高い山であることを知っている。そのため，富士山のイラストは日本一という意味を象徴的に示しているとすぐに気づくだろう。実際，富士山のイラストのそばに，図4.4aではライススナックのカテゴリー内で売り上げが日本一であることが，また図4.4bでは冷凍・チルト餃子のカテゴリー内で売り上げが日本一であることが記されている[18]。ちなみに実際の富士山（図4.4c）は，図4.4a・図4.4bの富士山ほど鋭角になってはいないようである[19]。日本一のイメージがあると高さが強調されやすく，実際より鋭角

18　どちらのパッケージにも，いつの売り上げデータであるかも明記されている。

図 4.4a　亀田の柿の種のパッケージ（2021 年 12 月時点）

出所：著者撮影，亀田製菓株式会社より許可を得て掲載。

図 4.4b　ギョーザのパッケージ（2023 年 4 月時点）

出所：著者撮影，味の素冷凍食品株式会社より許可を得て掲載。

図 4.4c　富士山（車窓より）

出所：著者撮影

になるのかもしれない。

　ただし，文化的象徴的意味の要因を異国情緒経験の説明に用いるにあたっては，知覚者が属する文化と，知覚対象となる事物や情景が属する文化が異なることが少なくないという点に留意する必要がある。例えば，海外から日本を訪れた旅行者にとって，いかにも日本を象徴していると感じられる事物や情景が，日本の消費者から見ると特に日本らしさを象徴しているようには思えないということがあり得る。消費者行動研究における従来の文化的意味研究では，当該の文化圏内の消費者から見た象徴的意味が解釈されていたため，このような問題は生じなかったが，異国情緒を検討するにあたってはこの問題に対して慎重になる必要がある。

　しかし，知覚者から見た文化的象徴的意味が，当該文化内でとらえられる

19　図4.4a に示した亀田の柿の種のパッケージは，現在（2023 年 1 月）はリニューアルされている。「米菓売上日本一」という日本語が記され，富士山は山頂部分のみ，平たく描かれている。

文化的象徴的意味と一致しない場合であっても，異国情緒経験の生起を促すことはあるだろう。

▶ 異国らしさの認知を深化させる象徴的意味

　先に紹介したミックとビュールのモデルでは，消費者は，広告の意味を自己と関連づけて理解すると広告の内包的意味を受け入れることが示されていた。異国らしさの認知についても同様に考えることができる。すなわち，異国らしい特徴を持つ事物を知覚した時，その知覚対象が知覚者にとって個人的な象徴的意味を持っているならば，異国らしさの認知が深化すると考えられる。

　ここでも身近な例をあげておきたい。これもまた異国らしさではなく自国らしさあるいは東京らしさになるが，山手線では，2013 年 1 月から 12 月までの間に，緑色の車両登場の 50 周年を記念し，かつての車両と同様の，全体を緑色でラッピングした車両を走らせた[20]。

　この車両の運行は 1988 年までであった[21]。東日本旅客鉄道株式会社のウェブサイトには，「当時を知る世代には懐かしさを，知らない世代にも新鮮さを感じていただき，」と書かれている。さらに同年 2 月には，サントリー緑茶「伊右衛門」の車体広告が掲出されたラッピングトレインを走らせた[22]。

　この車両に掲出された「伊右衛門」の広告を，消費者はどのように受け止めただろうか。かつての車両を知っている消費者は，かつてを思い出すと同時に，「伊右衛門」のパッケージが緑色であるから適合していると感じたのではないだろうか。またこの車両を利用していた日々を思い出したかもしれない。そうした消費者にとっては，この車両が自分自身の通勤や通学という個人的意味を象徴的に表していたかもしれない。当時，東京に出かけたときにしばしば乗ったという消費者にとっては，出張や混雑の象徴であったかもしれない。こうした消費者にとっては，緑の山手線が思い出と結びついており，この車両が深い意味を持つものとして受け止められた可能性がある。

20　東日本旅客鉄道株式会社のウェブサイトを参照した。
21　朝日新聞 DIGITAL の記事を参照した。
22　ジェイアール東日本企画総務局広報部のウェブサイトを参照した。

　一方，そもそも全体が緑色になっている車両が運行していた時代を知らない消費者にとっては，「伊右衛門」の車体広告を掲出した車両が走っているということ以上の意味を見出せなかった可能性が高い[23]。しかし，「伊右衛門」や，ペットボトルのお茶にまつわる別の個人的な意味を見出したかもしれない。その場合は，かつての車両を知っている消費者とは異なる形で，このラッピングトレインの知覚経験の意義を深めた可能性がある。

　こうしたことから，事物や情景が持つ象徴的意味には，文化内で共有されず，個別性が高いものもあると推測できる。そして個別性の高い象徴的意味は，知覚者にとって，その知覚経験を意義深いものにする可能性があると考えられる。

（4）表面的な異国らしさの認知

▶ カテゴリーに基づく「らしさ」の認知

　異国らしさに見られるような「らしさ」の認知は，どのように生じるのだろうか。「らしさ」の認知は，心理学の立場からは，カテゴリーの構造の問題としてとらえることができるだろう。カテゴリーの構造については，これまでに数多くの研究がなされ，様々なとらえ方が示されているが，認知心理学の領域では，次の考え方があげられてきた[24]。

　まず，定義的属性に基づいてカテゴリーが作られるとする考え方がある。だがこの考え方をあてはめることができるのは，三角形，四角形のように，必要十分条件を明示できるカテゴリーだけであると言われている。したがってある事例があるカテゴリーのメンバーであるか否かは明確に決められるのであり，「らしい」という事例は存在しないことになる（箱田, 2010）。

　しかし実際には，日常的な多くのカテゴリーは定義的属性だけでは説明できないのであり，類似性に基づいて形成されると考えられている。

　類似性に基づくカテゴリーに関しては，プロトタイプ（当該カテゴリーの

23　この車両が運行していたことを知らない年齢層では，「伊右衛門」の緑色が山手線の車体の緑色と合わせられていることをわかっていない消費者もいたようである。

24　カテゴリーの構造については，基礎レベルから上位レベルまでの抽象度別の階層構造を想定する考え方があるが（例えば，邑本, 2013），異国らしさの認知の問題とは直接つながらないため，本書では取り上げていない。

典型的メンバーの表象を指しており，抽象的な存在でよい）との類似性に基づいて形成されるという考え方（e.g., Rosch and Mervis, 1975）と，当該カテゴリーに属する具体的なメンバーとの類似性に基づいて形成されるという考え方（e.g., Medin and Schaffer, 1978）がある。

そしていずれの場合も，カテゴリーの構造はグレード化されているという。つまり，各メンバーのカテゴリーへの所属は，所属するか否かに二分されるのではなく，程度によって示される。この点は，定義的属性に基づくカテゴリーと大きく異なる。

さらに，これらとは異なる考え方として，目的に導かれるカテゴリーあるいはテーマに基づくカテゴリー（thematic category）と呼ばれるカテゴリーが作られるとする考え方がある。目的に導かれるカテゴリーとは，目的を達成するために作られたカテゴリー（アドホックカテゴリー）や，アドホックカテゴリーが当該の消費者の記憶の中で定着したものである（Barsalou, 1985）。テーマに基づくカテゴリーとは，テーマに応じて作られるカテゴリーという意味である。これは，「アドホックカテゴリー」と密接に結びつく概念だが，アドホックカテゴリーとは異なり，記憶の中で既に確立しているという（Mirman and Graziano, 2012）。

マーマンとグラチアーノ（Mirman and Graziano, 2012）は，テーマに基づくカテゴリーの例として，「朝食をとること」をあげ，このカテゴリーに属するメンバーとしてトーストとジャムをあげている。リンとマーフィー（Lin and Murphy, 2001）によれば，テーマ別のカテゴリー化は子どもにおいてよく見られるということである。だがリンとマーフィーは，この種のカテゴリー化が大人においても見られることを実験によって明らかにしている。

では，本モデルにおける「表面的な異国らしさの認知」は，どの種類のカテゴリー認知と言えるだろうか。

まず，定義的属性に基づくカテゴリーについて考えてみたい。

表面的な異国らしさの認知は，多分に消費者のとらえ方やイメージに依存している。そのため，定義的属性に基づいている可能性は高くないだろう。必要十分条件で判断するのであれば，箱田が指摘している通り，「……らしい」という事例の存在を認めることができなくなる。「スイスらしい」，「オー

ストラリアらしい」といった事例を説明できなくなるのである。

　しかし，類似性に基づいてカテゴリーができあがっていると考えることは
できる。例えば，日本のある通りを散歩しつつ「この通りはヨーロッパの街
並みらしい」と感じたならば，これは，知覚者が思い描いているヨーロッパ
の街並みと類似する部分があることを見て取っているのである。ヨーロッパ
の都市にありそうな石畳や街灯などがそうした知覚を生じているかもしれな
い。しかしもし，その通りに突如として自動販売機があり，緑茶やほうじ茶
が並んでいたならば，ヨーロッパの街並みらしさは低下するだろう。緑茶や
ほうじ茶の自動販売機の出現によって，知覚される類似性の程度が低くなっ
たためである。

　ただし，類似性に基づくカテゴリーの考え方を異国らしさの説明に用いる
場合，「らしい」とされる元の国の事物や情景がプロトタイプに最も近いと
は限らないという点に注意する必要がある。人々がいかにもその国らしいと
考えるところの事物や情景がその国の実際の事物や情景と一致していると
は，必ずしも言えないからである。例えば，さわやかな晴れのイメージが定
着している国のどんよりと曇った風景は，その国らしい風景のカテゴリーの
中で中心付近には位置づけられないだろう。むしろ他の国の晴れの風景の方
が，より当該の国らしい風景として認知されるかもしれない。

　では，目的に導かれるカテゴリーあるいはテーマに基づくカテゴリーにつ
いてはどうだろうか。これらのうち，特に目的に導かれるカテゴリーは，当
該の知覚者ならではのカテゴリーになっている可能性が高いと考えられる。
そのため，個人的な象徴的意味と結びつくことが多いのではないだろうか。
そうであれば，「表面的な異国らしさの認知」よりむしろ「本質的な異国ら
しさの認知」に影響を及ぼす可能性が高いだろう。

▶ プレイス・ブランディングから見た異国らしさ

　グレード化されたカテゴリーに関しては，ブランドを中心にしたグレード
化構造を想定する研究（Joiner, 2007）もある[25]。異国らしいと感じられる
対象は事物や情景であり，ブランドではないが，他国の風景への見立ての妙
を楽しむといった経験を説明する際には，当該の異国を一種のブランドとし

てとらえると，その魅力を説明しやすくなると思われる。

　近年のマーケティングでは，都市や地域や場所をブランドとして取り上げるプレイス・ブランディング（地域ブランディング）の研究が増えてきているようである（e.g., Borgerson and Schroeder, 2006; 電通 abic project・和田他[26], 2009）[27]。和田他によると，プレイス・ブランディングの最終到達点は住みたいと思われることであるから，この点では異国らしさとつながらないが，地域をブランドとしてとらえる点は，異国らしさの説明に当てはめることができる。

　和田他によると，従来の地域ブランド論は特産品・観光地をブランド化の対象としていたが，ブランド化の対象はそれらだけではない。和田他は，地域そのものをブランド化の対象とすることを提案している。そして，地域ブランド・コンセプトの開発は，地域独自のテーマを創造していくことであると論じている。実際，多くの地域が既にテーマを言語化しているが，「『文化交流都市』といった差別化に乏しいものや，『みずのまち』といった複数の地域にまたがるものもある」（p.75）という。

　また地域のテーマの中には「長い年月の中で，自然発生的に生まれ共有化されていったもの」（pp.74-75）もあるという。和田他は，そうしたテーマの例として，「杜の都」（仙台），「芸術の都」（パリ）などをあげている。

▶ プレイス・ブランディングの考え方の異国らしさの説明への応用

　ここで，地域を対象としたプレイス・ブランディングの考え方を異国らしさの説明に応用してみたい。具体例としてヴェネチアを取り上げる。

　日本国内でイタリアのヴェネチアに喩えられる場所は以前から複数存在しているが，これは，長い歴史の中で，ヴェネチアが美しい水の都としてのブ

25　ジョイナー（Joiner, 2007）は，ブランド・エクステンションの考え方を応用してこの研究を行っている。例えば，リーバイスの場合は，リーバイスのジーンズの典型性が高く，リーバイスの財布は典型性が低いことが示されている。

26　以下では「和田他」と表記する。

27　もっともアメリカでは，「ブランディング」ということばこそ使われていないものの，早くも1800年代半ばに，今日のプレイス・ブランディングに通じる問題が取り上げられていたという（Hankinson, 2010; 三浦, 2011）。

ランド的な位置づけを獲得していることによっていると考えられる。

　芥川龍之介は『大川の水』（1912 ＝明治 45 年）の中で，隅田川をヴェネチアに喩えている。橋から橋へと船が進んでいく様子がヴェネチアのゴンドラを彷彿させるということである。

　第 1 章で紹介した『旅』にも日本の水郷をヴェネチア（ヴェニス）に見立てた記事や広告がある。1926（昭和元）年 9 月号には，水郷鹿島詣での案内記事があり[28]，「文人墨客関東のヴェニスと推称するも無理からぬことである」と書かれている。また 1934（昭和 9）年に同誌に掲載された水郷小見川（現　千葉県香取市）の旅館の広告には，「小見川よいとこ　ヴエニスの都よ――」，「水郷情緒たっぷり」と書かれている（図 4.5）。

　日本におけるヴェネチアへの見立ては今日でも存在する。例えば富山県射水市の内川エリアの案内には「日本のベニス」という表現が見られる[29]。この案内には「どこか昔懐かしいノスタルジックな雰囲気」があるとも記されている。異国情緒がノスタルジアと結びつきやすいこと（第 1 章および第 2 章参照）が，この案内記事からも窺われる。

　ヴェネチアへの見立ては海外でも見られるようである。例えば，「張りめぐらされた運河と，その運河に浮かぶ小舟・モリセイロがシンボル」（小林（茂），2020, p.84）と言われるポルトガルのアヴェイロは，「ポルトガルのヴェニス」と言われている[30]。

　一方，アメリカでは，フロリダ州に「アメリカのヴェニス」と呼ばれている場所がある[31]。フォートローダーデールという場所である。ここには運河があり，ゴンドラが行き交っているという[32]。このほか，ラスベガスとマカオに

28　茨城県鹿嶋市にある鹿島神宮への参拝の案内記事である。

29　富山県地方創生局　観光振興室・公益社団法人　とやま観光推進機構のウェブサイト「VISIT 富山県」を参照した。

30　例えば，小林（茂）（2020）のポルトガル案内で「ポルトガルのヴェニス」として紹介されている。だがこれは，日本から訪れる観光客だけのとらえ方ではない。アヴェイロ観光局（Tourism Office in Aveiro）のウェブサイトでも「ポルトガルのヴェニス」として紹介されている。

31　フロリダ州観光局（Florida Tourism Industry Marketing Corporation）のウェブサイトにおける“Fort Lauderdale”のページを参照した。

32　同サイト同ページを参照した。

図 4.5 『旅』1934（昭和 9）年 6 月号に掲載された水郷小見川の旅館の広告

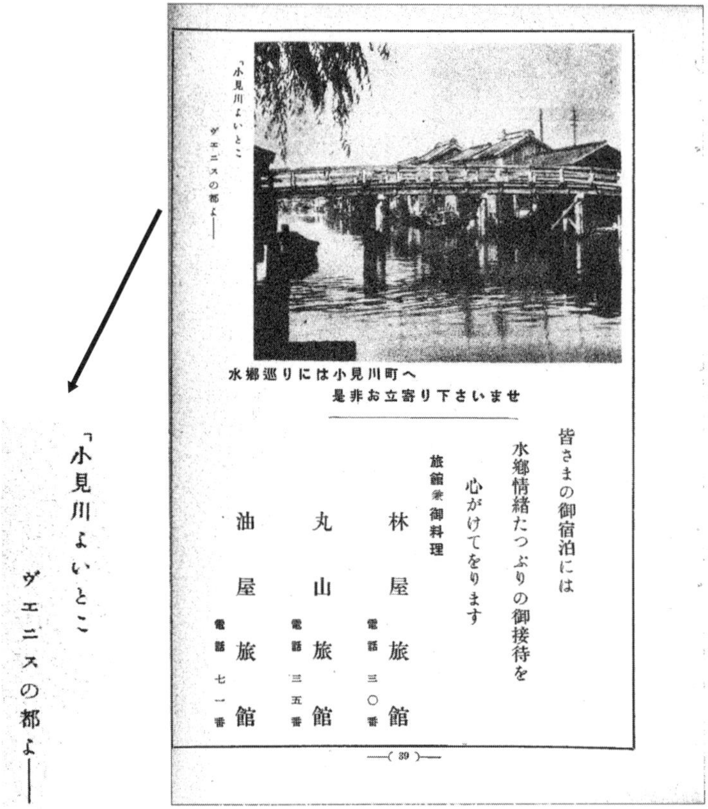

出所：日本交通公社「旅の図書館」所蔵，丸山旅館より許可を得て掲載。
なお，林屋旅館・油屋旅館は現存していない。

はヴェネチアの街を再現したリゾートがあることが知られている。運河が造られており，ここでもゴンドラが行き交っているという[33]。両者は資本が同一ということである[34]。

　以上の例のうち，ラスベガスとマカオのヴェネチア風リゾート以外は，多かれ少なかれ自然発生的なヴェネチア「らしさ」を有していると言えるだろ

33　廣井（2017），下川（2015）等を参照した。
34　下川（2015）の説明による。

う。しかしヴェネチアへの見立てには，和田他が「文化交流都市」や「みず
のまち」について指摘している問題が当てはまりそうである。というのも，
隣接する地域との区切りや，ヴェネチアらしい水郷同士の差別化が困難にな
りかねないからである。

　もっとも，模倣ではなく自然発生した異国らしさは独自性につながる可能
性もある。例えば，水郷であるがゆえにヴェネチアらしいとされる地域の情
景は，その地域ならではの趣を併せ持っていることが多いと思われる。この
場合には，第2章で述べた「複数の国らしさの混合」が生じることになる。
図4.5を見るときも，ヴェネチアらしいとは思っても，ヴェネチアと見紛う
ことはまずないだろう。むしろ，その土地ならではの風情があると感じるの
ではないだろうか。こうしたことから，自然発生した異国らしさは，個性豊
かな異国らしさを生じ，強い地域ブランドを形成し得ると考えられる。

(5) 異国らしさの認知を促進する要因[35]

▶ 新奇性

　「エグゾチック」という語の語源 "exōticus" と "exōtikos" の "exō" が
「外側」を意味すること（第1章表1.2注参照）からもわかるように，異国
らしさを感じさせる知覚対象は，知覚者にとってなじみがなく新奇な（目新
しい）ものであることが多いだろう[36]。知覚対象の新奇性は，心理学における
新実験美学（Berlyne, 1971, 1974; 第3章・第5章・終章参照）で検討
され，消費者美学に受け継がれた重要な要因の一つである。新実験美学と消費
者美学の考え方に基づくと，消費者が経験する快楽の程度は，新奇性が高す
ぎず低すぎず中程度のときに，最も高いと言える。これは，逆U字カーブを
描く関係として広く知られている。

　近年は，新奇性の程度が高い知覚対象や低い知覚対象からも快楽を経験で
きると考える論者もいる。アームストロングとデトワイラー－ベデル

35　促進要因としての象徴的意味については既に述べているため，ここには含まない。
36　「新奇」ということばには，普通ではないという意味もあるが，心理学用語としては目
　新しいことを指しており，奇抜であることや突飛であることを意味しているわけではな
　い。

(Armstrong and Detweiler-Bedell, 2008; 第 3 章参照）による美的快楽研究では，美しさを感じる経験においては新奇性が求められると論じられている。新たな認知構造を獲得するためには新奇な刺激が求められるのであり，美しさを感じる経験はこの種の経験として説明できるということである。そして，知覚対象の新奇性が中程度であるとき最も強い美的快楽を生じるのではなく，高いほど強い美的快楽を生じるという。

しかしこの考え方は，異国情緒経験の説明にはやや当てはめにくいと思われる。それは，アームストロングとデトワイラー―ベデルが論じている新奇性が，美しさを感じる経験をもたらす要因であるためである。この点に着目するなら，新奇性は，促進要因としてではなく深化要因として位置づけられることになる。

そこで本書では，基本的にはバーライン（Berlyne, 1971, 1974）の新実験美学の考え方に従うものの，新奇性が深化要因として働く可能性もあると考える。

▶ 不思議さ

新奇性と関連のある要因として，不思議さをあげることができる。不思議さと異国らしさの認知の関係を検討した研究は，消費者美学ではこれまでに行われていないようだが，環境心理学においては，景観における神秘性（mystery）が選好に及ぼす効果に関する研究が行われてきた[37]。これは，本書で取り上げる不思議さと同義ではないが，近い概念と考えられる。

景観における神秘性とは，カプラン, S. とカプラン, R.（Kaplan, S. and Kaplan, R., 1981）によると，景観の中に入ってさらに探っていくと新たな情報を得ることができそうであるという印象を指す。神秘性は移動や探索によってより多くのことを学べるだろうという推論を生じるという。そのため神秘性を持つ風景の方が神秘性を持たない風景より好まれるとカプラン, S. とカプラン, R. は考えた。

カプラン, S. とカプラン, R. は，神秘性と驚きの違いについても論じてい

37　神秘性は，環境美学においても研究されてきたが，環境美学における神秘性は自然環境が持つ神秘性を指しているため，ここでは言及していない。

る。カプラン，S. とカプラン，R. によると，驚きが，新しい情報の突然の出現によって生じるのに対して，神秘性は，新しい情報が出現しておらず，示唆されている状況で生じるということである。

芝田（2013）は，神秘性等に関するカプラン，S. とカプラン，R. の考え方について[38]，「環境の理解を促進し，環境の探索につながる特徴を多く含む環境がより好まれる」（p.40）と説明している。また Ikemi（2005）は，カプラン，S. とカプラン，R. の考え方をふまえて，家の正面のモンタージュ写真を用いた研究を行い[39]，神秘性が選好に正の影響を及ぼすことを明らかにした。

しかしスタンプス（Stamps, 2004）が行ったメタ分析によると，諸研究の結果はまちまちのようである[40]。神秘性が選好に影響を及ぼすことは確認できたが，その方向性は定かではないということである。この結果は，どのようにとらえればよいのだろうか。イケミ（Ikemi, 2005）はバーライン（Berlyne, 1971）の考え方を参照し，神秘性を不確かさの程度としてとらえている。そうであれば，新奇性と同様に逆 U 字カーブを描くと考えることができるのではないだろうか。というのも，不確かさは，覚醒ポテンシャルに影響を与える要因としてバーラインがあげた変数の中の一つだからである[41]。

ここで，環境心理学における「神秘性」の概念を「不思議さ」ととらえ，異国情緒の説明に応用することを考えてみたい。イケミの研究をふまえると，不思議さが少なすぎるのでも多すぎるのでもなく，中程度であるとき，知覚対象についてより多くのことを知りたいと動機づけられると考えられる。そうであるならば，不思議さが中程度のときに，表面的な異国らしさの認知が最も促進されるのではないだろうか。

38　カプラン，S. とカプラン，R. は，環境に対する選好を説明する要因として，神秘性（mystery），複雑さ（complexity），判読のしやすさ（legibility），一貫性（coherence）の四つをあげているが，芝田は，これらのうち神秘性が特徴的であるととらえている。
39　イケミの研究では，樹木が家の正面をかなり覆い隠している写真や，そこまで覆っていない写真等が刺激として用いられた。
40　スタンプスは，神秘性，複雑さ，わかりやすさ，一貫性について，諸研究のメタ分析を行っている。
41　イケミはバーラインの著作を引用しているが，逆 U 字カーブの関係には言及していない。

　ただし，カプラン，S. とカプラン，R. によれば，神秘性が選好につながるのは，危険がない状況においてであるという。異国らしさが認知される場所についても同様のことが言える。身の危険が少しでも感じられるならば，多くの消費者はその場所を充分味わおうという気持ちにはならないだろう。むしろ，安全確保という問題解決（第 3 章参照）のための消費者行動をとることになるだろう。したがって，不思議さを異国らしさの認知の促進要因として位置づけるにあたっては，知覚者自身が危険に晒されていないことが前提となる。

(6) 異国らしさの認知を深化させる要因[42]

▶ 歴史的・文化的背景の把握・実感

　異国らしい特徴を持つ事物や情景の中には，歴史的背景や文化的背景を持つものがある。

　店舗や通りなどを装飾的に異国風にしているとか，あるエリアを意図的にどこかの国に似せて造っているとかいう場合は，歴史的背景や文化的背景を持っているとは言い難いと思われる。このことは，レトロマーケティングの研究（e.g., Patterson and Brown, S., 2003）でも以前から指摘されている。パターソンとブラウン（Patterson and Brown, S., 2003）は，昨今のアイリッシュ・パブを代表例として取り上げ，商業活動によって創り出された伝統を示していると論じている[43]。これは，第 3 章で述べたブランド化と真正性の問題とつながってくると考えられる。

　だが，事物や情景が商業的な目的で提示されているのはなく，歴史的背景や文化的背景を持って存在している場合には，知覚者がその背景を把握しており，それを直接見ることによって確かにそうだと実感すると，深い鑑賞が可能になると思われる。

　環境美学の分野では，街などの人間がかかわる環境の鑑賞において，歴史

42　深化要因としての象徴的意味については既に述べているため，ここには含まない。

43　ただしパターソンとブラウンは，このことを否定しているわけではない。自分は過去を浪漫化する傾向があると思うが，それでもその過去の一部でありたいという消費者の内観報告を紹介して，この研究を結んでいる。

的知識，地理的知識，人類学的知識，社会学的知識が重要であると論じている著作（Carlson, 2009）がある。カールソン（Carlson, 2009）の著作は異国情緒に関するものではないが，異国情緒の説明に当てはめることができるだろう。例えば，マカオの「カルサーダス」の異国情緒に関しては，知覚者の歴史的知識という要因が重要な役割を果たしていると思われる（第 2 章および終章参照）。マカオとポルトガルの歴史的関係を把握せずに，単に珍しい模様だとか，かわいらしい模様だとかいうように眺める場合と比べて，歴史的背景を把握したたうえで眺める方が，深い鑑賞ができるだろう。

▶ 遠さあるいは末端に位置すること

　第 3 章で述べたように，知覚者自身が馴染んでいる場所から遠く離れた場所に存在していたり，地続きの場所の末端に位置したりすると，感慨深さが生じると同時に，その先の異国の存在を意識しやすくなると考えられる。物理的な遠さは表面的な異国らしさの認知にも関係すると思われるが，ここで取り上げるのは主として心理的な遠さである[44]。

　本書における心理的な遠さの概念は，解釈レベル理論をふまえて詩的哀感生起モデルに組み込んだ心理的距離の概念（本章 1 節参照）と密接な関係がある。ただし，詩的哀感生起モデルにおける位置づけとは次の二点において異なっている。

　第一は，詩的哀感生起モデルでは心理的距離を促進要因として位置づけたのに対し，ここでは深化要因として位置づけている点である。本書で深化要因としてとらえるのは，説明対象である異国情緒経験が，表面的なレベルと本質的なレベルの二段階の異国らしさの認知を経て生じると考えているためである。この二段階のうち，心理的距離は，本質的なレベルでの異国らしさの認知に影響を及ぼすと考えている。

　第二は，詩的哀感生起モデルでは適度な心理的距離が詩的哀感の生起を促進すると考えたのに対し，本質的な異国らしさの認知に関しては，主観的に

44　もっとも，物理的に遠いことから心理的に遠い感じが生じるということはあると思われる。解釈レベル理論（本章 1 節参照）に基づく研究の中にも，対象の物理的距離の見え方を変えることによって心理的距離を変える実験研究がある。

遠く感じるほどこの認知が強くなると考える点である。解釈レベル理論に基づけば，心理的距離が長いほどできごとは抽象的かつ一般的に表象されるため（本章 1 節参照），異国らしい特徴を持つ事象や情景の存在を遠くに感じるほど，その知覚経験は普遍的な性質を持つようになり，美的経験と呼べるものに近づいていくと考えられる。

ここで再びセガレン（Segalen, 1904-1918 / 1995; 第 1 章および第 2 章参照）の著作を参照すると，セガレンは「外に」あるものを考える際に，空間のみならず時間軸上でも外の存在を想定している。そして過去については「歴史的エグゾチスム」の存在を想定し，未来については「空想的エグゾチスム」の存在を想定している。

解釈レベル理論が時間的な距離の研究から発展していったこと（本章 1 節参照）は，空間的な外側のみならず時間的な外側をも考慮するセガレンの考え方と整合性があると言えるだろう。

▶ 想像の付加

想像の付加もまた，前述の心理的距離と同様に，詩的哀感生起モデル内に促進要因として組み込んである要因である。本モデルではこれを深化要因に含めている。先に述べた通り，知覚者は，予め何らかの知識やイメージを持っていれば，表面的な異国らしさを認知することができるだろう。しかし，想像を加えることによってそこに普遍的な美的なものを見出すこともあるだろう。奇異なものとして映りかねない事物や情景であっても，幻想的な想像を加えられることによって魅力的なものとして受け止められるということは考えられる。

なお，詩的哀感生起モデルでは，「心理的距離の調整」と「想像の付加」のほかに，「脱文脈化の傾向」という要因を促進要因の中に含めている（図4.1）。しかしこの要因は，本書のモデルには組み込んでいない。それは，異国情緒を感じるという経験は，それ自体が日常的な文脈から脱していると考えられるためである。つまり，異国情緒経験の生起において，脱文脈化は不要なのではなく，表面的な異国らしさを認知した時点で既に生じていると考えられる。

▶ ノスタルジアの喚起

　第2章で述べたように，昨今の「異国情緒」は，ノスタルジア，レトロ，郷愁，懐かしさといったことばを伴うことが多い。ではノスタルジアとは何か。これは，心理学では「懐かしさ」と訳されることが多く，個人的な過去への思いを指すが，消費者行動研究では，「個人的ノスタルジア」と「歴史的ノスタルジア」に分類することがある（e.g., Stern, 1992; 第3章および第5章参照）[45]。個人的ノスタルジアというのは，自分自身が経験した過去への慕情のことであり（牧野，2014），心理学における懐かしさと同義である。これに対して歴史的ノスタルジアというのは，直接経験していない過去の時代への慕情である（同論考）。レトロ調，レトロな街並みなどということばを使うときは，大概自分自身の過去は関係していないため，歴史的ノスタルジアを表していると考えられる。

　異国情緒にノスタルジアが伴うという場合も，大抵は歴史的ノスタルジアを指していると考えられる。というのも，異国らしい特徴を持つ事物や情景は本来自分にとってなじみではないはずだからである。例えば，神戸や横浜の明治期の洋館巡りをして異国情緒とノスタルジアを感じるという場合のノスタルジアは，歴史的ノスタルジアと言ってよさそうである。

　だが第2章で述べたように，あるポルトガル案内には，「郷愁を駆り立てる」（小林（茂），2020, p.27）と書かれていた。郷愁というのは，自分とは関係ない過去の時代への慕情ではなく，自身がかかわっている場合に生じる心情だろう。つまり，本来自分自身とのつながりのない異国らしい事物や情景を見たときであっても，何らかの手がかりによって自己との関連づけが生じれば，個人的ノスタルジアに近いものを感じることがあると考えられる。

　個人的ノスタルジアという要因は，「対象の実在への関心」を強めることになり，カントが言うような「無関心」を保つことはできなくなるのではないかという疑問が生じるかもしれない。また，エキゾチシズムの語源 "exō" が「外側」という意味を持っていること（第1章参照）を考えれば，異国情

45　他の分類のしかたもあるが，個人的か歴史的かという分類が含まれることが多い。なお，心理学の研究でも，消費者行動研究をふまえて個人的ノスタルジアと歴史的ノスタルジアに分けることがある。

緒の説明のためのモデルに「個人的ノスタルジア」という要因を組み込むことは矛盾に見えるかもしれない。

　個人的ノスタルジアは，セガレンの言う本質的エグゾチスムの概念とも整合性を持たない可能性がある。というのもセガレンは，自分とは異なるものの認識として本質的エグゾチスムをとらえていたからである。

　前述のカールソン（Carlson, 2009）は，ホスパース（Hospers, 1946）を引用し，「厚い意味」はライフ・バリューを持っているのだから「無関心」と両立しないのではないかという疑問を掲げたが，これと同様の疑問が，本モデルに関しても生じ得る。

　この問題に関してカールソンは，程度の概念を組み込むことによって解決している。つまり，美的鑑賞にはある程度の無関心性が必要だが，人生価値を表す美[46]の鑑賞を不可能にするほどの無関心性を必要とするわけではないと論じている。

　異国情緒経験の説明においても，無関心性を程度問題としてとらえることは可能だろう。だが，促進要因あるいは深化要因の働きによって説明することもできるだろう。例えば，前述の「遠さあるいは末端に位置すること」という深化要因と個人的ノスタルジアが組み合わされると，個人的ノスタルジアが生じつつも，遠い存在であるという意識によって無関心性が保持され，異国情緒経験が育まれると考えられる。

（7）異国情緒経験の各類型へと至る経路
▶ 快の感情または詩的哀感の発生から快楽消費へと至る経路

　本モデルでは，表面的な異国らしさを認知した時に，快の感情または詩的哀感が生じるかどうかで進む方向が異なっている。第 1 章で述べたように，快楽消費研究で取り上げられる感情は主として快の感情だが，本モデルには快の感情と詩的哀感の両方を含めている。哀感はそれ自体が快楽というわけではないが，美的価値認識（後述）と統合されることによって美的経験を生じると考えることができる（牧野, 2022）。また第 1 章と第 2 章では，「異国

46　原語は "expressive beauty" である。形式美（"formal beauty"）に対置される語として用いられている。

情緒」に哀感が伴いやすいことが実際の用例から読み取れた。

　本モデルでは，快の感情または詩的哀感が生じる場合に快楽消費経験へと向かっていくことを想定している。一方，快の感情も哀感も生じない場合は，快楽消費は生じない。表面的な異国らしさを認知しても，楽しくもなければもの悲しくもない場合は，快楽消費としての異国情緒経験は生じないと考えられる。これについて図4.3では，点線で囲って右側に示している。

▶ **深化要因の欠如から感覚依存型異国情緒経験へと至る経路**

　次の段階では，異国らしさの認知を深める要因があるか否かでその先の方向が違ってくる。深化要因（後述）が存在しない場合には，本質的な異国らしさの認知は生じないと考えられる。

　異国情緒経験モデルでは，本質的な異国らしさの認知に至らなくても異国情緒経験は生じるということが想定されている。だがそれは表面的な異国情緒経験であり，美的経験ではない。快楽消費の観点からとらえれば，感覚依存型の快楽消費ということになる。例えば，異国の市場や祭りなどに出かけて行き，単に異国らしい雰囲気を楽しむという場合は，この種の異国情緒を経験していると言える。ワクワクドキドキする感じを経験すること（第3章参照）はできるが，美的価値認識も，対象に関する深い理解も生じない。これは，本書における異国情緒経験の分類（第3章参照）のうち，感覚依存型異国情緒経験に該当する。

▶ **「有用性の認知を伴わない価値認識」から情趣型異国情緒経験へと至る経路**

　異国情緒経験モデルでは，情景に対して有用性の認知を伴わない価値認識があるか否かが，美的経験が生じるかどうかの決め手となる。有用性の認知を伴わないというのは，カント（Kant, 1790/1964）の美学における「無関心」の概念に基づいている。カントによれば，美的趣味判断を規定するのは，「対象の実在への関心」（津上, 2010, 第3章および本章前述）を欠いた適意，言い換えれば，実践的関心を伴わない適意である（小田部, 2019; 第3章参照）[47]。カントの考え方に従うと，対象の実在への関心を伴う適意がある場合や，対象の実在への関心が伴っていても適意がない場合は，美的経験は生じ

111

ないと考えられる（牧野, 2022）。

　本モデルではこの考え方を異国情緒経験の説明に応用するが，「対象の実在への関心」と「適意」という語は消費者行動研究の文脈になじみにくいため，再考する。

　まず，「対象の実在への関心」という語を異国情緒の説明に用いると，実在か架空かという要因に見えかねない。カントの言う「実在」とは，佐々木（1995）の説明によれば，「所有その他の現実的な行動を引き起こすような対象の実在性」（p.182）を指している。津上（2010）や小田部（2019）の説明をふまえれば，直接の利害関係があることや実践的であることとも言える（第 3 章参照）。

　さらに佐々木（1995）によると，カントが，関心を伴う適意があると考えたのは，感覚的な快適さと道徳的な善と有用性である。そして，道徳的な善と有用性は共に善の概念に含まれる（佐々木, 1995）。前者はそれ自体が善であり，後者は有用であるがゆえの間接的な善である（カント, 1790/1964）。

　そこで本モデルでは，「対象の実在への関心」を「有用性の認知」に置き換える。ここで言う有用性とは，知覚者にとって直接的なベネフィットがあることを指す。間接的なベネフィットがあるものは含まれない。例えば，芸術作品の鑑賞によって深く感動したという場合に，良い経験をした，精神的に潤ったという点で有用性があるととらえることは可能である。しかし，これは直接的な有用性ではない。一方，同じ芸術作品の鑑賞であっても，仲間の話題についていくために鑑賞するというのであれば，直接的な有用性がある。美的経験をもたらすと考えられるのは前者，つまり，直接的な有用性を欠く知覚対象である。

　次に，「適意」について再考する。「適意」という概念は，消費者行動研究にはあまりなじまないように思われる。かといって，この語を「満足」や「快」に置き換えると，消費者行動研究においては不都合が生じる。という

47　ただし佐々木（1995）は，「『関心』を捨てることが直ちに美に対するかかわりを持つことになる，という保証はないであろう」（p.183）と指摘し，これを美的無関心性の概念の本質的問題と見ている。

のも，「満足」や「快」は，「消費者満足」や「快楽消費」のように，美的経験とは必ずしもつながらない文脈で用いられてきたことばだからである。

そこで本モデルでは，「価値認識」という語を用いることにする。それは，本モデルにおいて，美的価値認識を生じるか否かを決める要因として有用性の認知をとらえているためである。

したがって本モデルでは，詩的哀感生起モデルにおける「『対称の実在への関心』を伴わない適意」を，「有用性の認知を伴わない価値認識」に置き換える。そして，「有用性の認知を伴わない価値認識」がある場合のみ，知覚者の認知プロセスは美的価値認識を経て本質的異国情緒経験の生起へと向かうと考える。

ただし，本モデルで想定している美的価値認識は，美しさの認識とは限らない。むしろ，趣があると感じるような認識が中心になることを想定している。本モデルにおける美的価値認識には，津上（2010）が論じた「あじわい」の概念にも，18世紀後半にイギリスで盛んに論じられた「ピクチャレスク」の概念にも通じるところがある。「ピクチャレスク」とは，絵に描かれ得ることによって人々の目を喜ばせる性質のことである（Gilpin, 1792/2001）[48]。具体的には，自然環境の粗い性質や，廃墟のある風景等があげられてきた。

本質的な異国らしさの認知から，こうした広い意味での美的価値認識が生じたとき，美的経験としての異国情緒が経験されると考えられる。これは，本書における異国情緒経験の分類に基づけば，情趣型異国情緒経験と言える。

▶「理解の深まり」から知的満足型異国情緒経験へと至る経路

前述の通り，マズローが「美的欲求」とともにあげた欲求に「知る欲求と理解する欲求」がある。本モデルにおける「理解の深まり」はこの欲求が満たされることの認識を指す。

本モデルではこの段階を「有用性の認知を伴わない価値認識はあるか」の問いに対して「無し」と言える場合に位置づけている。つまり，有用性の認

48　訳出にあたっては，利光（1985）の論考を参考にした。

知を伴う価値認識があるか，価値認識は生じないという場合を指す。ここで
はこれらのうち，有用性の認知を伴う価値認識がある場合について考えてみ
たい[49]。

　個々の消費者にとって異国らしさの認知が有用であるような経験として第
一に考えられるのは，理解の深まりを実感することだろう（第 3 章参照）。
このとき，快の感情または詩的哀感といった感情反応が生じているならば，
理解の深まりを実感することは，感慨深さや味わい深さの経験になると考え
られる。ここで得られる経験は，本書の異国情緒経験の分類における知的満
足型異国情緒経験に該当する。

　なお，前述の地域ブランディングに関する著作（和田他，2009）では，神
話の舞台となっている場所への旅行が例にあげられ，「知性と感性で感じる
旅を旅行者が求めるようになる」（p.93）と論じられている。和田他の著作
は異国情緒経験に関する著作ではないが，異国情緒経験に当てはめることが
可能と思われる。それは，この例で論じられている感性と知性が，本書のモ
デルが想定している美的価値認識と理解の深まりの実感に，ほぼ対応してい
ると考えられるためである。

▶「有用性の認知を伴わない価値認識」も「理解の深まり」もない場合

　「有用性の認知を伴わない価値認識」も，「理解の深まり」もない場合はど
うなるだろうか。

　実際には，快の感情または詩的哀感が生じ，本質的な異国らしさの認知が
生じれば，何らかの価値認識が生じることが多いと予想できるが，本モデル
では，価値認識が生じない場合も想定している。例えば，あくまでも仕事と
して，異国らしい事物や情景に接している場合は，価値認識を伴わない異国
らしさ経験が生じるかもしれない。図 4.3 では，このような経験を点線で
囲って左下に示している。

49　価値認識は生じないという場合については，「『有用性の認知を伴わない価値認識』も
　　『理解の深まり』もない場合」として，本章の最後に述べる。

第5章
人文学的解釈アプローチを用いた経験的研究

　本章では，第4章で掲げた異国情緒経験モデルの妥当性を検討するための経験的研究を行う。ここで用いる方法は，異国情緒経験を描いている文学作品を素材とした解釈アプローチである。だが，この方法を用いた消費者行動研究は，海外でも多く行われているとは言えず，日本の消費者行動研究ではこれまでにほとんどない。そこで本章では，まずこの方法について説明し，次いで解釈研究を行う。

　なお，本章では様々な文学作品を紹介していくが，あくまでもモデルを検討するための素材として取り上げているのであり，作品論を展開することを意図しているわけではない。

1節　目的と方法

(1) 消費者行動研究における人文学的解釈アプローチ

▶ 消費者美学における実証アプローチと解釈アプローチ

　消費者行動研究における経験的研究の方法には，量的な調査や実験を用いる実証アプローチと，意味解釈を目的とする解釈アプローチがある。消費者の情報処理の研究では実証アプローチが用いられることが多いが，消費文化の研究では解釈アプローチが用いられることが少なくない。

　消費者美学の領域では，ホルブルックが1980年の論考（Holbrook, 1980）においてバーライン（Berlyne, 1971, 1974; 第3章・第4章・終章参照）の新実験美学の考え方を基盤に据えている。この論考でホルブルック

は，記号論の概念を用いて美的反応を整理しているものの，消費者美学研究の出発点としては，芸術作品的な刺激に対する消費者の感情反応を明らかにする実験を行うことが理にかなっていると論じている。

だが1987年の論考（Holbrook, 1987）では，記号論と消費者美学の結びつきについて検討している。そして，芸術作品を研究対象とする場合には，量的な内容分析より記号論に基づく解釈研究の方が実り多い結果をもたらすと論じている。というのも，量的な内容分析は，解釈研究に比べて相対的に表面的な数え方の決まりを機械的に当てはめた分析になるからであるという。

消費者美学や関連領域における経験的研究では，これまでに，実証アプローチが用いられることもあれば解釈アプローチが用いられることもあった。例えば，バーラインの新実験美学の考え方に基づいて刺激の特性と快楽反応の関係を明らかにしたい場合には実証アプローチが用いられてきた。新実験美学を基盤としない研究でも，商品パッケージの美的デザインに対する選好を調べる研究などでは，実証アプローチが用いられてきた。しかし，芸術鑑賞行動の特徴や，ある作品を鑑賞することの鑑賞者にとっての意味を明らかにしたい場合などには，解釈アプローチが用いられてきた。第3章で紹介したミックとビュール（Mick and Buhl, 1992）の研究でも，広告経験の意味ベースモデルが掲げられたあと，このモデルの妥当性を評価するためにインタビュー調査を用いた解釈研究が行われている。意味に関するモデルであるため，量的な調査や実験にはなじまないのであろう。

本書で掲げた異国情緒経験モデルもまた，意味の深さによる本質的・表面的の区別や，美的価値認識の要因を組み込んでおり，量的な調査や実験にはなじまないと考えられる。そこで本章では解釈研究を行う。

▶ 消費者美学における人文学的解釈アプローチ

ここでは，解釈アプローチの中でも，消費者を対象としたインタビュー調査や参与観察ではなく，人文学的アプローチを用いた解釈研究（以下では「人文学的解釈アプローチ」（後述）と呼ぶ）を行う[1]。人文学的解釈アプロー

1　名称が定められていなかったため，拙著（牧野, 2022）において「人文学的解釈アプローチ」と呼んだ。

チは拙著（牧野, 2022）でも用いているが，日本ではまだ研究例が非常に少ないため，以下では改めて消費者行動研究におけるこの方法について簡単に説明する。

　まず，消費者行動研究において解釈アプローチを採るという場合（e.g., Hirschman (ed.), 1989）には，インタビュー調査や参与観察が行われていることが多いように思われる。これらのほかに，記号論的解釈のアプローチというものも存在する。ただし，記号論的解釈は，主として広告を素材とする研究で用いられてきたようである。

　消費者行動研究における「人文学」（the humanities）ということばは，日常的に用いられている「人文学」と同様である。ホルブルック他（Holbrook et al., 1989）は，自然科学に対置される人間研究に属する研究として，人文学を位置づけている。また人文学のカテゴリーに含まれる研究領域として，文学，芸術，歴史，哲学をあげている。そしてホルブルック他は，この研究の後半で，演劇作品を素材とした解釈研究を行っている。この方法は，作品の意味を理解するために役立つだけでなく，人生というものの理解や，できごとを反省的にとらえること（「生きられたできごと」の理解）にも，用いることができるという。

　本書では，ホルブルック他のこうした考え方をふまえて，商品やそれらの消費を描いた文学作品や芸術作品を素材とし，作中の事物の象徴的意味を解釈していく方法を「人文学的解釈アプローチ」と呼ぶ。つまり，本書における人文学的解釈アプローチとは，消費場面を描写している文学作品や芸術作品を素材とし，作品内に描き出されている諸事物の象徴的な意味を解釈していく方法を指す。ただし，ここで言う「消費」とは，ブランド選択や購買に限定されず，広い意味での消費である。ホルブルック（Holbrook, 1995）によれば，消費者の欲求の充足や目標の達成のためになんらかの対象を獲得したり使用したりすることは全て「消費」なのであり，人間活動のほとんど全てが「消費」を含んでいるということである（第3章参照）。本書もこの考え方に従う。つまり，経済活動の側面を持つか否かは問わず，欲求充足や目標達成のために外界からなんらかのものを取り入れる行動全般を「消費」としてとらえる。ここでは特に，事物や情景の鑑賞を「消費」として取り上

げる。

　消費者行動研究において，文学作品や芸術作品を素材とする解釈アプロー
チには様々な種類がある。それらを，表現形態，明らかにしたいことがら，
作者の三つの観点から整理すると，**表 5.1** のようになる。

　表現形態については，映画，演劇，詩等があげられる[2]。近年は，これらの
表現形態のうち，特に詩が注目されているようである。ただし，他の表現形
態の作品を用いた研究は作家が書いた作品を研究対象としているのに対し，
詩は詩人が書いたものとは限らず，研究者が書いたものである場合もある。

　シェリーとシャウテン（Sherry and Schouten, 2002）によれば，詩作と
いう方法は，内観報告を用いる方法に含めることができるということである。
さらにシェリーとシャウテンは，研究者のみならず一般消費者を対象とする
研究においてもこの方法を用いることを提案している。つまり，研究主題と
なっているトピックについて消費者に詩を書いてもらい，それを解釈の素材
とするという方法を考えているのである。シェリーとシャウテンは，この方
法について，自由記述の質問紙調査や，現象学的なインタビュー調査に加え
ることのできる方法かもしれないと論じている。もっとも，詩作に慣れてい
ないと気持ちがくじけてしまうかもしれないとも述べている。実際のとこ
ろ，一般消費者に詩作を求める研究は，本書で調べた範囲内では行われてい
ないようであった。

　トナー（Tonner, 2019）は，詩を解釈素材として用いることの消費者行動
研究への貢献として次の 3 点をあげている。第一に，詩は消費を記述する言
語の幅を広げ，それゆえに消費に関する理解を深める。第二に，詩の作者は
詩を書くことによって生きられた経験と熟練を要する反省（skilled
reflexivity）を結びつけ，ありふれていない独自の説明をすることができる。
トナーがここで論じている「生きられた経験」というのは，第 4 章で述べた
現象学の用語と同様と思われる。つまり，省みることによって本質的な意味
をとらえられるような経験を指すと考えればよいだろう。詩はそうした経験
を日常語より豊富で味わいに富んだことばで記したものと言えるのだろう。

2　消費者行動研究における作品解釈研究の中には，テレビで放映されたドラマを解釈し
　た研究もあるが，ここには含めていない。

表5.1　人文学的解釈アプローチを用いた消費者行動研究[1]

表現形態[2]	明らかにしたいことがら		作者		研究例
	作中の事物の象徴的意味	作中人物または作者の感情	作家[3]	研究者	
映画	✓		✓		Hirschman, 1987; Holbrook and Grayson, 1986
演劇	✓		✓		Holbrook, 1987; Holbrook, et al., 1989[4]
詩[5]		✓	✓	✓	Sherry and Schouten, 2002; Tonner, 2019
古典文学[6]	✓	✓	✓		(Karababa and Ger, 2011)[7]; 牧野, 2022[8]

注：1）　該当する研究が存在する場合にチェックを入れてある。ただし，人文学的解釈アプローチについて論じていても経験的研究を行っていないもの（Holbrook, 1990）はこの表に含めていない。
　　2）　網羅的な調査に基づくものではないため，この表に含まれていない表現形態の作品を用いた消費者行動研究が存在する可能性はある。
　　3）　詩人や歌人も含む。
　　4）　演劇を用いた研究以外に，研究者自身が創作したショートストーリーを用いた研究も行われている。
　　5）　ここにあげた研究のほかに，研究者自身が創作した詩だけが掲載されているもの（Dholakia, 2005; Sherry, 2008）がある。だが，詩の解釈が示されていないため，この表には含めていない。
　　6）　ここにあげた研究のほかに，ベルク（Belk, 1989）の研究でも古典文学作品が検討素材に含まれている。しかしベルクの研究では様々な作品が少しずつ紹介されており，個々の作品に関する詳細な意味解釈が行われているわけではないため，この表に含めていない。
　　7）　詩が研究素材として用いられているが，16-17世紀の作品であるため，ここでは古典文学のカテゴリーに含めている。
　　8）　和歌と能が取り上げられている。

そして第三に，詩はそれ自体が消費経験の一形態である。

　トナーが論じたこれらの貢献のうち，言語の幅を広げて消費に関する理解を深められるという点は，詩に限らず，作家によって創られた他の表現形態

の作品にも当てはまるだろう。

　次に，解釈を通して何を明らかにしたいのかという点について考えてみたい。明らかにしたいのは，多くの場合，作中の事物の象徴的意味である。ここで言う象徴的意味とは，基本的に，作中人物にとっての文化的意味あるいは個人的意味である。詩やエッセイにおいては作中人物が登場しないということがあり得るが，その場合は，作者にとっての象徴的意味を解釈することになる。象徴的意味が個人的なものであれば個人的意味を，社会的・文化的に共有されたものであれば文化的意味を読み取ることになる。

　このほか，抒情詩的な表現様式の文章を素材とする研究に関して，消費者としての作者の感情を明らかにすることを目的としてあげている論考（Holbrook, 1990）がある。このことは，詩以外の作品を用いる人文学的解釈アプローチにも当てはまるだろう。ただし，映画や演劇の場合は，登場人物の感情を明らかにすることになると考えられる。

　作者がどのような立場の人かについては表現形態の箇所で述べた通りである。作家が書いたものを用いることが多いが，研究者が書いたものを用いる場合もある。実際に行われてきた研究を概観すると，表現形態と連動しているように見える。映画，演劇，古典文学に関しては基本的に作家が書いた作品が取り上げられているが[3]，詩の場合は，研究者が自ら作る場合もある。

　なお，一つの研究の中でいくつの作品を取り上げるかは定まっていない。例えば，ホルブルックとグレイソン（Holbrook and Grayson, 1986）の映画研究では一つの作品が取り上げられているが，トナー（Tonner, 2019）による詩の研究では 3 人の詩人の作品が取り上げられている。また，古典文学を研究の素材に含めているカラババとジャー（Karababa and Ger, 2011）の研究と拙著（牧野, 2022）の研究では，一つのテーマに関する複数の作家の作品が取り上げられている。もっとも，カラババとジャーの研究では，古典文学作品に特化した作品解釈が行われているわけではない。様々な歴史資料が素材として用いられており，その中に古典の詩が含まれている。論文には，「文化人類学的—歴史的アプローチ」と記されている。そのため**表5.1**

3　例外として，古典文学の中に作者不明の作品がある。

では，括弧をつけて記載してある。

(2) 本章における研究の目的と方法

　本章の2節と3節では，第4章で提案した異国情緒経験モデルの妥当性を吟味することを目的とする経験的研究を行う。異国情緒経験を描き出している文学作品を素材とし，その解釈を通してモデルの妥当性を検討していく。解釈の素材とする作品を決めるにあたっては，異国らしい特徴を持つ事物や情景の知覚によって快の感情または詩的哀感が生じたことが示されている作品であることを選択基準としている。したがって，異国らしい特徴を持つ事物や情景について書かれていても，登場人物あるいは作者の感情反応が示されていない作品，例えば，建造物の歴史の説明や伝統的な料理の説明が大半を占めるような作品は，解釈の素材としない。そうした作品に示される経験は，本書が想定している快楽消費の範疇から外れてしまうからである。

　本章では，素材とする作品として，日本の明治期以降の随筆や詩を取り上げる。また本章で用いるのは，研究者や一般の消費者の作品ではなく，作家の作品である。これは，作家は一般人より美的に優れたとらえ方ができるという考え方をふまえている。異国情緒経験を記している作家や詩人は，一般の人々は気づかないような事物や情景にも異国らしさを見出し，深い情趣経験をしている可能性がある。環境美学の領域では，「芸術家の目」（Carlson, 2009, p.95）でとらえたならば通常は美が認識されにくいような風景に対しても美が見出されるということが指摘されているが，このことは異国情緒経験にも当てはまるだろう。また情趣経験が作品になるとき，情趣経験としての純化が生じやすいだろう。作品には，作者の，あるいは作中人物の，情趣経験のエッセンスが表現されていると同時に，情趣を損ねるような要素は排除される傾向にあると考えられるためである。

　消費者行動研究における人文学的解釈アプローチの具体的な手続きは確立されているわけではないが，本章ではホルブルック他（Holbrook et al., 1989）の演劇研究および拙著（牧野, 2022）の古典文学研究に倣う。具体的な手続きは次の通りである。

　まず作品の中身を紹介する。次に，ミックとビュール（Mick and Buhl,

1992）の研究や拙著（同書）の研究と同様に，モデルに示した諸要因が作品から読み取られるかどうかを検討していく。ホルブルック他の研究では象徴的意味の解釈が行われていたが，ここでは象徴的意味だけでなく，明示的に表されている要因も読み取っていく。本モデルを，①表面的な異国らしさの認知とその促進要因，②感情反応と深化要因，③価値認識と異国情緒経験の三つの段階に分け，モデルに示した要因の存在を確認する。象徴的意味の解釈は，「①表面的な異国らしさの認知と促進要因」と「②感情反応と深化要因」の検討に含める。

(3) 本章で用いる解釈の素材

　本章の研究では作家によって創られた作品を素材として用いるが，ホルブルックとグレイソンの研究のように一人の作家に絞るのではなく，複数の作家の作品を用いる。この点では，前述のカラババとジャーや拙著（牧野，2022）の研究と同様である。

　また，異国情緒経験モデルでは，知覚対象を「異国らしい特徴を持つ事物や情景」としたが，事物と情景では，異国情緒経験の生じやすさや，生じやすい異国情緒経験の種類に違いがあるかもしれない。そこで本章では，異国らしい特徴を持つ事物と情景のそれぞれについて研究を行う。

　異国らしい特徴を持つ事物としては，コーヒーとカフエー[4]を取り上げる（本章2節参照）。今日では特別なものでない限り，コーヒーに異国情緒を感じるという人は少ないと思われるが，明治末期から大正期にかけては，コーヒーは異国情緒を感じさせるものであったようである（本章注15参照）。第2章で述べた相対的なとらえ方による分類に当てはめるなら，いずれの作品も，「自国で感じられる異国らしさ」の認知を表している。また，特定性による分類に当てはめるなら，「特定されない異国らしさ」の認知を表している。概して西洋風ということになるが，西洋のどの国かは明確にされていな

4　今日では「カフェ」と表記されることが多いと思われるが，本書で解釈の対象とした作品においては「カフエー」という表記がしばしば見られるため，本書でも「カフエー」と表記する。また，文献や画像に「カフエー」と記されている場合も，本書では「カフエー」と表記する。

い。西洋に限定されない場合もある。

　第1章で紹介した「パンの会」はセーヌ河畔のカフェとイメージを重ね合わせていたということであるから（川本, 2012; 菅原, 2016），フランスらしいと推測できそうだが，本章で素材とする作品においては，ドイツ語が用いられていたり，アメリカ風のオーダーのしかたに関心が向けられていたり，ブラジルの珈琲農園の風景画に目が向けられていたりするのである。

　異国らしい特徴を持つ情景としては，日本から遠方であり，なおかつ大陸西部の海岸方面に位置するポルトガルの情景を描き出した作品を取り上げる（本章3節参照）。第2章で述べた相対的なとらえ方による分類に当てはめるなら，いずれの作品も，基本的には，「異国で感じられる異国らしさ」の認知を表している。しかし詳細に見ていくと，後述のように，「異国で感じられる自国らしさ」の認知や，慣れ親しんでいた情景との重ね合わせが含まれていることがわかる。また，特定性による分類に当てはめるなら，「特定の一国らしさ」の認知を表す場合と，「複数の国らしさ」の認知を表す場合があることがわかる。

2節　コーヒーやカフエーを描いた文学作品に見る異国情緒

　本節では，コーヒーやカフエーを題材とした文学作品を解釈の素材として取り上げ，本モデルにおける諸要因が見出されるかどうかを検討する。

（1）カフエー文化が花開いた背景

　コーヒーとカフエーを描いた文学作品の解釈を行う前に，まず明治末期以降大正期頃までの東京におけるコーヒーの普及の様子と当時のカフエーのイメージについて，諸文献に基づいて述べる。

　日本最古のカフエーは1888（明治21）年に上野で開店した「可否茶館（かひいさかん）」だが，この店は4年で廃業した[5]。その後，1910（明治43）年に，日本橋に「メイゾン鴻乃巣（こうのす）」という西洋料理店が開店した（中央区教育委員会，

5　『日本コーヒー史』（上巻）（全日本コーヒー商工組合連合会・日本コーヒー史編集委員会, 1980），高井（2018）のオンライン記事，勝本（1980/1991）の随筆による。

2014)[6]。一階が西洋風のバー，二階は畳敷きの部屋であり，窓から日本橋川[7]が見えたという（中央区教育委員会, 2014）。『日本コーヒー史』（上巻）（全日本コーヒー商工組合連合会・日本コーヒー史編集委員会, 1980）によると，メイゾン鴻乃巣はコーヒーが売り物であったようだが，高級な洋酒も多く揃えており，高級な酒場の雰囲気を醸し出していたようである。杢太郎をはじめとする「パンの会」（第 1 章参照）のメンバーもここに集っていたことが知られている（中央区教育委員会, 2014）。

　カフエーの再登場もこの頃である。現在の銀座で，1911（明治 44）年 3 月に「カフエー・プランタン」[8]，同年 8 月に「カフエー・ライオン」[9]，同年 12 月に「カフエーパウリスタ」（長谷川, 2008/2018）[10]が，それぞれ開店した。

　この 3 店のうち，「カフエー・プランタン」と「カフエー・ライオン」はアルコールを提供する西洋料理店であり，女性給仕が働いていた[11]。

　「カフエーパウリスタ」（以下では「パウリスタ」と表記する）はコーヒーを専門とする店であり，ここでは少年給仕たちが働いていた[12]。少年給仕たちは注文を受けると「ワンカフィー，ワンドウナッツ！」（山本, 1951/1972, p.39）というように英語で厨房に伝えていたという。またパウリスタは，ブラジルのサンパウロ州政府から無償でコーヒー豆を入荷しており（長谷川[13], 2008/2018; 全日本コーヒー商工組合連合会・日本コーヒー史編集委員会，

6　中央区教育委員会によって 2014 年に立てられた説明板（説明を記した看板）に記載されている。「中央区教育委員会, 2014」と記した他の箇所についても同様である。

7　神田川の分流であり，下流で隅田川に合流する。

8　『日本コーヒー史』（上巻）（全日本コーヒー商工組合連合会・日本コーヒー史編集委員会, 1980），キリンホールディングスのウェブサイトを参照した。なお，銀座にあった百貨店のプランタン銀座とは異なる。

9　『日本コーヒー史』（上巻）（全日本コーヒー商工組合連合会・日本コーヒー史編集委員会, 1980）およびサッポロライオンのウェブサイトを参照した。

10　長谷川によると，大阪箕面店が第一号である。箕面店は銀座の店舗より半年早く 1911（明治 44）年 6 月に開業した。

11　高井（2108）による。

12　長谷川（2008/2018），高井（2108）による。

13　長谷川は，コーヒー豆を無償で提供された理由としてパウリスタ創業者が語った内容を紹介している。それによると，日本の移民会社が損をしていることへの埋め合わせ，ブラジルのコーヒー農園における労働の重要性と将来性を知ってもらうこと，日本におけるブラジル珈琲の宣伝と普及に役立てることの三点が理由である。

1980），コーヒーを安く飲める店として知られていた。コーヒー一杯5銭であり，コーヒーと一緒に出されるドーナツも5銭であった（久保田，1950/1976, 全日本コーヒー商工組合連合会・日本コーヒー史編集委員会，1980）。5銭という値段は，当時のもりそばやかけそばより少し高い程度であった（長谷川，2008/2018）。『日本コーヒー史』（上巻）（全日本コーヒー商工組合連合会・日本コーヒー史編集委員会，1980）には，開店当時の銀座のパウリスタについて，「たった5銭で，豪華な文化的雰囲気に浸りながら，本格的なコーヒーが飲める」（p.166）店として，たちまち評判になったと記されている。

　客層も異なっていたという。カフエー・プランタンとカフエー・ライオンには文学者や芸術家たちが足繁く通っていたのに対し，パウリスタには学生たちをはじめ若い人々が多かったようである[14]。

　本節の研究のための作品収集にあたっては，『カフエーパウリスタ物語』（長谷川，2008/2018）と『日本の名随筆　別巻3　珈琲』（清水，1991）を参考にし[15]，他の資料も調べたうえで，原著にあたった。解釈の素材として取り上げる作品と解釈の結果は表5.2に示す通りである。以下ではこの表に記載した順に，作品の背景，内容，解釈結果を述べていく。

(2) 木下杢太郎の詩「珈琲」に見る異国情緒
(2-1)「珈琲」の背景と内容紹介

　この詩は1910（明治43）年に『三田文學』に掲載された後，1919（大正8）年に詩集『食後の唄』に収められ，さらに1930（昭和5）年に『木下杢太郎詩集』に収められた（小林（幸），2013）。コーヒーを主題にした詩で

14　キリンホールディングスのウェブサイト，奥山（1973/1991）の随筆，久保田（1950/1976）の随筆による。

15　どちらの書籍もコーヒーに関する日本の文学作品を多数紹介している。ただし必ずしも異国らしさとつながっているわけではない。そこで本書では紹介されていた作品のうち異国らしさと関係のあるものを参考にした。その結果，明治末期から大正期ごろまでの時代の作品を取り上げることになった。網羅的な調査を行ったわけではないためはっきりしたことは言えないが，その後コーヒーが一般化してからは，異国情緒を感じさせるものというとらえ方は薄らいでいったと思われる。

表5.2 コーヒーやカフエーを描いた文学作品と解釈の結果

作者	作品名	初出年	作品の ジャンル	解釈された 感情
木下杢太郎 (1885-1945)	珈琲	1910 (明治 43)	詩	詩的哀感
無名氏 (永井荷風とされる, 1879-1959)	Au Café Printenps	1911 (明治 44)	詩	快 の 感情, 詩的哀感
北原白秋 (1885-1942)	昼の思	1912 (大正元)	エッセイ	詩的哀感
山本嘉次郎 (1902-1974)	銀座あの頃	1951 (昭和 26) (1915 (大正 4) 年頃の思い出の ようである)	自伝	快の感情
平野威馬雄 (1900-1986)	パウリスタとオ イローパとプラ ンタン	1983 (昭和 58) (1917 (大正 6) 年頃の思い出)	エッセイ	快の感情

注：1) および 2) 明示されてはいないが示唆されているため，括弧をつけて記載してある。

ある[16]。五月の夜の酒宴の後のコーヒーを描写し，コーヒーの苦い味とともに，うら悲しさやうら懐かしさを記している。河村（1973）は，「酒宴の後の何かむなしい物思いを寄せた印象詩」（p.53）であると解説している。以下では，初出の『三田文學』掲載の「珈琲」を紹介する。

---

16 三つとも同じ詩だが，振り仮名やことばの表記のしかたが異なっている（小林（幸），2013）。

象徴的意味←象徴的意味を有する事物	解釈された促進要因	解釈された深化要因	消費者美学の観点からとらえた異国情緒経験のタイプ
・西洋らしさ←コーヒー ・高級感←モカ・コーヒー	文化的象徴的意味（西洋らしさ，高級感）	ノスタルジアの喚起	情趣型
・西洋らしさ←コーヒー，カフエー ・高級感←モカ・コーヒー	文化的象徴的意味（西洋らしさ，高級感），新奇性，不思議さ	想像の付加	情趣型
・西洋らしさ←コーヒーの湯気，珈琲店	文化的象徴的意味（西洋らしさ）	想像の付加，ノスタルジアの喚起	情趣型
・英米らしさ←カフエーにおけるドウナッツ，ボーイの英語，音楽 ・ブラジルらしさ←カフエーにおける風景画	文化的象徴的意味（英米らしさ，ブラジルらしさ），新奇性	（歴史的・文化的背景の把握・実感，遠さあるいは末端に位置すること）[1]	主として感覚依存型（情趣型および知的満足型の側面を含む）
・西洋らしさ←カフエーにおけるボーイの英語，彫刻，カップのマーク ・高級感←コーヒー入りの角砂糖，大理石の食卓	文化的象徴的意味（西洋らしさ，高級感），新奇性	（想像の付加）[2]	主として感覚依存型（情趣型の側面を含む可能性あり）

珈　琲

今し方（がた）

啜って置いた

Mokka[17] のにほひがまだ何処（どこ）やらに

残りゐるゆゑうら悲し（かな）。

曇った空に

時々は雨さへけぶる五月の夜（よる）の冷（ひや）こさに

17　モカ・コーヒーであれば英語の綴りは"mocha"になるが，河村（1973）および小林（幸）（2013）は，朔太郎がドイツ語表記にしていることを指摘している。

黄いろくにじむ華電気,

酒宴のあとの雑談の

やや狂ほしき情操の, さりとて別に之といふゆゑも無けれど

うら懐かしく,

何となく古き恋など語まほしく

凝として居るけだるさに

当もなく見入れば白き食卓の

磁の花瓶にほのぼのと薄 紅の牡丹の花。

珈琲, 珈琲, 苦い珈琲。

(木下 (杢), 1910, 「珈琲」, pp.155-156)

(2-2) 「珈琲」における異国情緒経験を生じる要因の解釈

①表面的な異国らしさの認知とその促進要因

　現代のとらえ方で「珈琲」を読むと, 作者は特に異国情緒を経験してはいないように見えるかもしれない。しかし前述の通り, この時代にはコーヒーは西洋を感じさせるものであった。つまり, 当時の日本におけるコーヒーの象徴的意味は西洋らしさであると考えてよいだろう。「モカ」をアルファベットで綴っているのも, 「珈琲」に「カフエエ」と振り仮名を振って最終行で繰り返しているのも, 西洋らしさを実感していることの現れではないだろうか。特にモカは, 西洋らしさだけでなく高級感も表していたようである。当時はコーヒー自体が普及しておらず, 高級だったが, 中でもモカは他のコーヒーと比べて価格が高かったようである。明治 30 年代に刊行され, 大ベストセラーになった『食道楽』(村井, 1903-1904a/2005a)[18] に付録として納められている価格表のコーヒーの欄には, ジャワが一斤 (600 グラム相当) 48 銭, ハワイが一斤 65 銭であるのに対して, モカは一斤 5 銭と記されている[19]。また 1911 (明治 44) 年の明治屋の PR 誌『嗜好』7 月号 (明治屋東

18　黒岩 (2005) の解説によると, 『食道楽』は, 1903 (明治 36) 年 1 月から『報知新聞』に連載されて人気を博し, さらに単行本として刊行され, 大ベストセラーになったということである。

京支店, 1911) を参照すると, この年の 6 月末日の定価表において, 「ジャワ産リベリアン」が一斤 60 銭であるのに対し, 「アラビア国モツカ産」一斤 1 円 10 銭となっている[20]。

こうしたことから, この詩で描かれている場面においては, 西洋らしさという, コーヒーによって示される文化的象徴的意味に加えて, 高級感という, 当時のモカ・コーヒーならではの文化的象徴的意味が, 表面的な異国らしさの認知の促進要因になっていると言えるだろう。

他の促進要因については, 新奇性も不思議さもこの詩から直接読み取ることはできない。当時コーヒーはまだ多くの人々にとって目新しいものであったと思われるが[21], 杢太郎自身がこのときコーヒーを新奇なものとしてとらえていたとは読み取れないためである。

したがってこの詩においては, 西洋らしさを表すというコーヒーの文化的象徴的意味から, 表面的な異国らしさの認知が生じていると言える。

前述の通り「パンの会」のメンバーはメイゾン鴻乃巣に通っていたということであるから, この詩はメイゾン鴻乃巣で出されたコーヒーについて書かれたものである可能性もある。したがって, この詩で描写されているコーヒーは高級感を備えた異国らしさを表していると考えられる。

②感情反応と深化要因

まず感情反応について考えてみたい。この詩について作品論を展開している小林（幸）(2013) は, 酒宴のあとに一人で「物思いにふけっているところに, この詩の核心がある」(p.5) と指摘している。そして「モカ・コーヒーの残り香に悲哀を感じつつ, 古い恋を語りたくなるような懐かしい気分

19　この価格表は, 全日本コーヒー商工組合連合会・日本コーヒー史編集委員会 (1980)『日本コーヒー史』(上巻) で紹介されていたため, これを資料収集の際の手がかりとした。

20　『嗜好』掲載の価格表も『日本コーヒー史』(上巻) で紹介されていたため, 資料収集の際の手がかりとした。

21　『日本コーヒー史』(本章注 19 参照) には, 日本におけるコーヒーの消費が飛躍的に伸びたのは, ブラジルコーヒーが輸入されるようになり, パウリスタが市場開発を行ったあとであると書かれている。日本におけるコーヒーの輸入量は, 1912（大正元）年から 12 年間のうちに, 6.6 倍余になったという (同書による)。

にひとり佇んでいる」（同文献, p.5）と解説している。

　哀感は元来不快感情に属するが，第4章で述べたように，詩的哀感については，異国情緒経験モデルでは快楽消費を生じる要因として位置づけている。この詩で作者は，モカの香りが残っていると知覚し，悲しく感じている。とは言え，うら悲しいのであるから悲嘆ではない。詩的哀感に近い感情が生じていたのだろう。

　深化要因に関しては，「ノスタルジアの喚起」を読み取ることができる。この詩におけるノスタルジアは，「うら懐かしく」，「古き恋」といったことばによって示されているため，個人的ノスタルジアである。ただし，懐かしく感じる理由は特にこれとはあげられないとも書かれている。そのため作者はほのかな懐かしさをなんとなく感じていると推測できる。

③価値認識と異国情緒経験

　この詩全体を通して，「有用性の認知」は見出せない。作者は酒宴が終わったあとのコーヒーや店内の様子を描写しているのであり，何かの目的達成のためにそれらを眺めているわけではない。詩の最後に味の苦さについて記しているが，実際にはコーヒーは香りを残しているのみであるから，この時点で飲んでいるわけではない。このことからも，美的な鑑賞の対象としてコーヒーがとらえられていると考えられる。特に，コーヒーの香りに，美的な眼差しが向けられている。だからこそ香りからうら悲しさが感じられるのだろう。

　さらに作者の目には，黄色い華電気[22]，白い食卓，薄紅の牡丹の花というように，周囲にある様々な対象が色彩豊かに映っている。「有用性の認知を伴わない価値認識」があり，事物全体に対して美的価値認識が生じていると言えるだろう。

　以上のことから，この詩における朔太郎のコーヒー経験は情趣型異国情緒経験であると解釈できる。

22　この詩における「華電気」とは，河村（1973）によると，「色硝子で飾りをつけた電燈」（p.54）のことである。

(3) 無名氏（永井荷風とされる）の詩 "Au Café Printemps" に見る異国情緒

(3-1) "Au Café Printemps" の背景と内容紹介

"Au Café Printemps" は1911（明治44）年に『三田文學』に掲載された。「即興」と記された二つの詩のうちの一つである。作者は「無名氏」と記されているが，久保田（1950/1976）によれば永井荷風ということである。カフエー・プランタンは前述の通り1911年3月開店であるから，開店後さほど経たないうちに作られた詩と言える。この詩では，「碧梧桐（あをぎり）の若芽に雨はしたゝり　ガスの火影に柳が泣く　日吉町通りの初夏の夜半（よふけ）。」というフレーズが2回記されている[23]。これらのうち2回目のこのフレーズのあとがカフエー・プランタンの描写になっているため，以下ではこの箇所以降を引用し，解釈を試みる。

> 碧梧桐（あをぎり）の若芽に雨はしたゝり
> ガスの火影に柳がなく，
> 日吉町通りの初夏の夜半（よふけ）。
> カツフエー・プランタンのばら色の
> 壁にかけたる名画の下
> 芝居帰りの若き人々の一群（むれ）が
> 鉢物の異国の花の香に迷ふ
> 異国の酒の酔心地。
> マカロニとモカの烟は立昇る
> カツフエー・プランタンの窓の外
> 日吉通りの初夏の夜半（よふけ）
> ガスの火影に柳はなき
> 碧梧桐（あをぎり）の若芽に雨はしたゝる。

（無名氏, 1911, "Au Café Printemps," p.64）

23　ただし，漢字・ひらがなの表記と読点の有無は1回目と2回目で若干異なっており，本書の引用箇所では「泣く」は「なく，」と記されている。さらに，これらの文の順番を入れ替えた記述が詩の最後に見られる。

(3-2) "Au Café Printemps" における異国情緒経験を生じる要因の解釈

①表面的な異国らしさの認知とその促進要因

　先に解釈を試みた朔太郎の詩と同様に，時代を考えると，コーヒーは西洋らしさの象徴であったと言える。特に文人や芸術家たちはこうしたことに敏感であったようであるから，この詩でもコーヒーやそれを提供するカフェーは西洋らしさを象徴していたと考えられる。モカ・コーヒーを取り上げている点でも朔太郎の詩と共通している。コーヒー自体が高級であった時代だが，モカであるため，特に高級であったことが示唆される。ガス灯によって生じる影も，カフェー界隈に漂っている西洋らしい雰囲気を表している。

　また，「異国の花の香に迷ふ」，「異国の酒の酔心地」という表現から，よくわからない，なじみのない異国の物に対して若い人々が魅力を感じていることがわかる。名画の掛けられたバラ色の壁も，おそらくなじみのあるものではないだろう。だからこそ目を留め，詩の中でも描写しているのだろう。したがってこの詩では，西洋らしさと高級感という文化的象徴的意味のほかに，新奇性と不思議さが，表面的な異国らしさの認知を促進していると解釈できる。

②感情反応と深化要因

　この詩では，初夏の夜更けに異国らしい事物に触れながら心地よい状態になっている人々が描写されている。作者はその様子を受け入れているのであるから，作者もまた快の感情を生じているだろう。しかし，柳は泣いているように見え，雨がしたたっていることが繰り返し表現されている。そのため，詩的哀感の要素を含んでいると考えられる。

　深化要因に関しては，歴史的背景に関する記述や遠さに関する記述はないが，「想像の付加」は生じていると言えるだろう。このことは，ガス灯の影で柳が「泣く」といった擬人化表現や，モカの烟が立ち昇るという幾分誇張気味の表現から読み取ることができる。

③価値認識と異国情緒経験

　この詩では，作者がカフエー・プランタンでコーヒーを飲んでいるのかどうかはわからない。作者は鑑賞者であることに徹しているように思われる。そうであれば，「有用性の認知」は生じにくくなるだろう。作者は，街の様子や人々の様子，店内の様子を眺め，満喫しているようである。

　以上のことから，無名氏のプランタンでの経験には美的価値認識が備わっており，情趣型異国情緒経験が生じていると考えられる。

(4)　北原白秋のエッセイ「昼の思」に見る異国情緒
(4-1)「昼の思」の背景と内容紹介

　「昼の思」は，1912（大正元）年に文芸雑誌『朱欒』（ザンボア）に掲載されたエッセイである[24]。翌1913（大正2）年には，白秋の第一歌集『桐の花』に，短歌449首とともに収められた（紅野，1985）。コーヒーを主題にしているわけではないが，作品中にたびたびコーヒーへの言及がある。特に前半においてコーヒーへの言及が多く，西洋への言及も多い。以下では，このエッセイの中から，コーヒーおよび西洋について重点的に書かれている第2・第3段落と第5・第6段落の途中までを紹介し，本書のモデルに即した要因の読み取りを試みる。

　　　零時二十三分，日の光はヴエニス模様の色硝子を透かして窗掛の浮織を悩まし人も居ない珈琲店の空椅子には，今恰度真白な猫がまるで乳酪の塊（かたまり）のやうにとろみかけてゐる。而して誰が喫（の）みさしたのか眩（まば）ゆい食卓の一角から軟らかな珈琲の吐息（やすいき）がたちのぼる。

　　　珈琲，珈琲，ひとりでにわれとわが心の匂を温め乍（なが）らやはらかな紫のいろにたちのぼるその吐息，病ましい物思の何とも捉へどころのないやうなその香煙の縺れを懶怠（ものう）けた身の起伏に何といふこともなく眺めやる昼の男の心持，また逃げてゆく「時」のうしろでをも恍惚（くわうこつ）と空

24　『桐の花』の発売前の広告（紅野，1985a，p.427で紹介されている）では "ESSAY" と記されて縺いるが，本書では，研究素材とする他の作品の表記と揃える都合上，「エッセイ」と表記する。

に凝視むる心持…………（i）

……（中略）……

　珈琲の煙はまだ消えもやらずにたちのぼってゐる。やや疲れたらしいやうなロオデンバッハの物おもひ，美くしい宝石商人の溜息，ボオドレエルの苦笑，或はレニヱ，サマンの曇りと優しみ，それらをひとつにしてたちのぼるその珈琲の匂の強さ，なつかしさ，心もとなさ，苛々しさ…………（ii）何よりも芸術の粋を慕ふ私の心は渾然としたその悲念の溶ましさに訳もなく苛められ，魅せられ，ひき包まれ，はたまた泣かされる。さてはあの怪しい沈黙の秒刻に譬へやうもない霊魂の歔欷をかりそめにも聴き逃さなかったヴェルレエヌの純一な気分も恰度デリケエトなかういふ心持ではなかったか。

　珈琲の煙はとりもなほさず心の言葉である。匂である，色であり音楽である。而して渋くて苦い珈琲は心の心，霊魂の生地，匙は感覚，凡て溶かして掻き廻す観相の余裕から初めてとりあつめた哀楽のかげひなたが軟かな思の吐息となってたちのぼる。もの思はしい中に限りもない色と香の諸相をひき包んで六月の光線に美くしい媚のあや糸を纏らす苦い珈琲の風味は決して自己を忘れたロマンチックな空の幻でも，単純な甘いセンチメントの嘆きでもない。……（以下略）

　　（北原，1912，「昼の思」，pp.49-51，(i)および (ii)の点線は原文通り）

(4-2)「昼の思」における異国情緒経験を生じる要因の解釈
①表面的な異国らしさの認知とその促進要因

　杢太郎の「珈琲」や無名氏の"Au Café Printemps"と同様に，この詩でもコーヒーやコーヒーを出す店は西洋らしさの象徴であったと考えられる。白秋は杢太郎とは「パンの会」の仲間であるから，西洋に対して杢太郎と同様の指向性を持っていても不思議ではないだろう[25]。白秋は，人のいない珈琲店のヴェニス模様の色硝子[26]に目をやっている。さらに，コーヒーの湯気に導かれて，ロオデンバッハ，ボオドレエル，レニヱといった西洋の詩人や作家を思い浮かべている。

　しかしこの詩からは，白秋が，新奇なものや不思議なものとしてコーヒーをとらえていたとは読み取れない。白秋はこうした店に行き慣れており，既に新奇性や不思議さは感じにくくなっていたのかもしれない。

　したがってこの詩では，新奇性や不思議さではなく，コーヒーやその湯気，珈琲店によって生じる西洋らしさという文化的象徴的意味が，表面的な異国らしさの認知を促進していると考えられる。

②感情反応と深化要因

　感情反応と深化要因に関しても，「昼の思」は朔太郎の「珈琲」とある程度共通している。というのも，「昼の思」からも，詩的哀感と「ノスタルジアの喚起」を読み取ることができるからである。

　詩的哀感は，「物おもひ」，「悲念」，「泣かされる」，「哀楽のかげひなた」，「もの思はしい」などのことばによって表されている。また「ノスタルジアの喚起」は，「なつかしさ」ということばから解釈できる。これは個人的ノスタルジアである。

　「昼の思」では，詩的哀感と「ノスタルジアの喚起」のほかに，「想像の付加」の要因も見出すことができる。白秋はこのエッセイの中で，コーヒーの湯気を「やはらかな紫のいろにたちのぼるその吐息」，「その香煙の縺れ」と表現している。また白秋は，コーヒーの湯気から西洋の詩人たちを思い浮かべ，西洋芸術に魅せられ，泣かされている。コーヒーの湯気は「心の言葉」であり，コーヒーを匙でかき混ぜると，哀楽が「思の吐息となってたちのぼる」という。これらはかなり幻想的な想像である。コーヒーの湯気の知覚をきっかけとして西洋の文学や芸術の世界へと連想が生じていくことがわかる。

25　ただし，共通の指向性をずっと持ち続けていたわけではないようである。加藤（1949/2009）は，白秋が後々までパンの会をおもしろがっていたのに対し，朔太郎にはパンの会がつまらなくなったと記している。本章後述の司馬氏（1983/2009）もまた，明治末期の異国趣味は一時代の風尚にすぎず，後年の朔太郎はやや気恥ずかしくなったかもしれないと記している。

26　ヴェネチアン・ガラスのことと思われる。

③価値認識と異国情緒経験

白秋も杢太郎と同様に，今まさに味わっているコーヒーではなく，飲んだあとのコーヒーを描写している。しかも白秋が描写したコーヒーは，自分ではなく誰かが飲んだ後のコーヒーである。作者にとって「有用性の認知」はなく，コーヒーは美的鑑賞の対象であるということが窺われる。

また，引用箇所では西洋の詩人・作家の名前があげられているが，引用箇所以外では，ゴッホやマチスなど，西洋の画家たちの名前があげられている。こうした連想は，異国らしさの認知を深めるだけでなく，知覚された事物全体に対する美的価値認識をも深めていると考えられる。

以上のことから，白秋のコーヒー鑑賞経験は，杢太郎や無名氏のコーヒー鑑賞経験と同様に，情趣型異国情緒経験であると考えられる。しかも三者とも，詩的哀感を生じていると解釈できた。この点は，情趣型異国情緒経験の基本的な性質を考えるうえで重要と思われる。

(5) 山本嘉次郎氏の自伝「銀座あの頃」に見る異国情緒
(5-1)「銀座あの頃」の背景と内容紹介

「銀座あの頃」は，映画監督山本嘉次郎氏による『カツドウヤ自他伝』という作品集に収められた作品である。「自他伝」というタイトルだが，コーヒーおよびカフエーに関する部分は山本氏自身のことであるため，本書では自伝のカテゴリーに属すると判断した。作者山本氏が旧制中学二年のときの話ということである。同書記載の年譜と照合すると，1915（大正4）年頃の話ということになる。慶應普通部の同級生に，銀座の映画館「金春館」で映画を見せられ，パウリスタのコーヒーの味も教えられたという。以下に，パウリスタおよびその周辺に関する記述を抜粋し[27]，異国情緒経験を説明する要因の読み取りを行う。

---

27 山本氏の著作におけるこの箇所は，前述の長谷川（2008/2018）が紹介している。ただし長谷川の著作では，異国情緒の観点から山本氏の著作の意味解釈が行われているわけではない。

……ブルーバード映画に酔って，金春館を出ると，八官町の通りには，ポッと青白く瓦斯燈がともっていた。滝山町の角を曲れば，カフェー・パウリスタである。文字通りカフェーで，酒はなかった。

パウリスタの客席は二階にある。階段を登れば，客席の四辺の壁に，ブラジル曠野のコーヒー園やサントスの港の風景が細長く絵巻物のように油絵で描かれてあった。ここはブラジルコーヒーの宣伝のために，ブラジル領事館が肝入りしていたとかで，それゆえかベラボーに安かった。

ブラジル国旗の描いてある分厚な大きなカップのコーヒーが五銭で，卓上の砂糖壺から幾匙でも好きなだけ砂糖を入れられる。また五銭で，大きなドウナッツが二つ来た。持ち重りのするそのドウナッツをつまみ上げると，ザラザラとザラメ砂糖が落ちこぼれ，かぶりつくと肉桂の香りが鼻にしみた。このコーヒーとドウナッツで，充分食事の代用になったのであった。

「ワンカフィー，ワンドウナッツ！」

生意気盛りの白服のボーイは，この十銭の客に対してワザと英語で大声に注文を通した。そろそろ色気のつきはじめた身にとっては，とても恥しいことだった。ここにも虎ノ門の女学生や，新橋の芸者衆が大ぜい来ていた。

一隅にピアノ（フランス映画によく出て来る）があって，これも五銭のニッケルを入れると金属性の音をガナリ立てた。「ティッペラリー」がすたって，「ジョニイ銃をとれ（オヴァ・ゼア）」や，「かまどの火をたやすな」なぞが流行っていた。まだ，第一次大戦の最中であった。

パウリスタの美しさは，初夏にあった。窓下の緑が濃くなると，ホットコーヒーからアイスコーヒーに移り，アップルパイがいつの間にか姿をひそめて，見る目も涼しい青緑色のペパアミントのゼリーが銀皿にのせられる。

八官町の大時計が七時を打ち鳴らし，たそがれの通りに瓦斯燈屋が大急ぎで梯子をかついで瓦斯燈に灯を入れ，真向うの時事新報（いま

　の交詢社）の地方版の輪転機がウナリ出すころ，みどり色にブルブル
とふるえるゼリーに銀の匙をグッと入れると，頭の芯までツーンとぬ
けるペパアミント酒の薄荷(はっか)の爽(さわや)かさが，銀座の初夏そのものの味で
あった。その頃から，銀ブラという言葉が使われはじめた。

　　　　（山本，1951/1972,「銀座あの頃」，pp.38-39，括弧内の説明は原文通り）

(5-2)「銀座あの頃」における異国情緒経験を生じる要因の解釈
①表面的な異国らしさの認知とその促進要因

　この作品も，杢太郎，無名氏，白秋の作品と同様に，今から100年以上前
の話を記したものである。そうであればこの作品においても，コーヒーやカ
フエーは西洋らしさという象徴的意味を持っているのだろうか。

　この作品では，他の三者の作品とは少し異なるところに注意が向けられて
いる。一例として，ドーナツに関する記述を見てみたい。ドーナツの起源と
言えそうな食べ物は様々な国に見られるようだが（ハンウィック，2015），
山本氏が記しているパウリスタのドーナツは，今日のドーナツに通じるもの
であり，アメリカ式のドーナツと考えられる。注文をボーイが英語で伝える
ことも，英米らしさを象徴していると考えられる。

　しかし，カフエーパウリスタではブラジルのサントスの風景を描いた油絵
やアメリカやイギリスで流行っていた歌を鑑賞できたという。そのためこの
作品では，コーヒーおよびカフエーは，英米の雰囲気とブラジルの雰囲気を
象徴していると言えるだろう。またこのことから，山本氏には，一つの国に
特定されない異国らしさ（第2章参照）が知覚されていたであろうと推測で
きる。

　また，カフエーパウリスタやその界隈の様子は，まだ中学生であった山本
氏にとっては新奇なものであったと解釈できる。映画館で洋画を鑑賞した後
パウリスタに行ったということだが，洋画も新奇であったようである。

　したがって，この自伝においては，コーヒーおよびカフエーから生じる英
米らしさやブラジルらしさという「文化的象徴的意味」と，「新奇性」が，
表面的な異国らしさの認知を促進する要因として働いていると解釈できる。

②感情反応と深化要因

　この作品は，主として快の感情を表していると考えられる。わずか十銭の注文を大声で英語で注文されたときは恥ずかしく感じたということだが，パウリスタにおける山本氏の経験は，英米の雰囲気を味わったりブラジルへと思いを馳せたりすることのできる良い思い出になっており，全体としては快の感情を生じていたことがわかる。

　深化要因についてはどのようなことを見出せるだろうか。この作品は自伝であるから，個人的ノスタルジアが関係していると考えられる。しかし本モデルで示している「ノスタルジアの喚起」は異国らしさの認知に影響を及ぼす要因なのであり，異国情緒を感じた経験が過去のものであることを示すわけではない。

　他の深化要因についてはどうだろうか。風景画を通してブラジルの農園の様子を知ることは，「歴史的・文化的背景の把握・実感」や，「遠さあるいは末端に位置すること」という要因と結びつく可能性がある。ただし，ここではパウリスタのコーヒーが安いことの理由が示されており，知覚を意味深いものにしているかどうかが定かではない。したがって，深化要因に関しては，「歴史的・文化的背景の把握・実感」，「遠さあるいは末端に位置すること」の存在が示唆されてはいるものの，明確には示されていないと言えるだろう。そのため，主として感覚依存型異国情緒経験が生じていたと考えられる。

③価値認識と異国情緒経験

　引用箇所からは，「有用性の認知」が読み取れる。新奇な事物を経験できたことへの満足感や，コーヒーやドーナツを安い値段で飲食できることへの満足感が示されているためである。英米の歌も，歌としての良さより，流行しているかどうかの観点からとらえられている。

　しかし，コーヒーと直結しない部分では，「有用性の認知を伴わない価値認識」もあったと思われる。

　それは，第一に，初夏になるころの記述に見られる。例えば，銀皿に載せられたペアミントのゼリーは，山本氏にとって，初夏らしい爽やかな雰囲気を醸し出すものとしてとらえられていた。また，たそがれの時刻に通りの

瓦斯燈の灯がともる様子が描写されている。

　『パウリスタ物語』の中で山本氏によるこの描写を紹介している長谷川 (2008/2018) は,「季節感が溢れた美しい見事な文章に感心せざるを得ない」(p.63) と記している。こうした描写には映画監督ならではの感性が反映されているのかもしれないが, 瓦斯燈の描写には, 先に紹介した無名氏の "Au Café Printemps" と共通するところがある。実際に銀座に瓦斯燈があったということだけでなく, 異国情緒を喚起するという点でカフエーのイメージとつながりやすかったのではないだろうか。これらの事物の知覚は, 美的価値認識を経て情趣型異国情緒経験を生じやすいと考えられる。

　第二に, 店内に掲げられているコーヒー園の油絵は, 知識を得て眺めてこそ, 感慨深さを生じると考えられる。ブラジルの国旗が描かれている大きなカップは相乗効果をもたらしたであろう。

　以上のことから, パウリスタおよびその界隈における山本氏の経験は, 前述の通り, 主として感覚依存型異国情緒経験だが, 情趣型異国情緒経験の側面も知的満足型異国情緒経験の側面も持ち合わせていると解釈できる。

(6) 平野威馬雄氏のエッセイ「パウリスタとオイローパとプランタン」に見る異国情緒

(6-1)「パウリスタとオイローパとプランタン」の背景と内容紹介

　このエッセイは, 詩人・評論家である平野威馬雄氏によって書かれたものである。執筆された年が定かでないが, 1917 (大正 6) 年頃の思い出が記されたものである。コーヒーやカフエーを主題とした作品ではないが, パウリスタについて詳しく書かれている部分があるため, 本書ではその箇所を引用し, 解釈を試みる。

> 　　九段の暁星学校にかよっていたので, はじめはその道にある神田錦町, 東京堂横にあったパウリスタに行ったが, 詩人仲間とさわぐようになると, 銀座のパウリスタにくらがえした。南鍋町二丁目, 今の資生堂のうら通りにあった。
> 　　それまでコーヒーといえば, 角砂糖の中へ豆をこがしたような粉を

少しばかり入れたのをよろこんで飲んでいた連中が，はじめてコーヒーらしいコーヒーにありつけたのは，パウリスタのおかげといっていいだろう。

コーヒー入りの角砂糖[28]だってよほどハイカラな家庭でなければ常備していなかった。日本人がコーヒーについて一かどの文句がいえるようになったのは，何といってもこのパウリスタのおかげである。

ブラジル・コーヒーのストレートを一杯五銭でたっぷりのませた。ぽってりとした分厚な白陶のカップに星と女神の正面顔がマークとしてついていた[29]。あのマークはいまも眼底にこびりついていてなつかしい。

ヨコハマの洋画専門の映画館オデオン座の豪華なプログラムのそれとよく似た女神のマスクが印刷してあったので，一層印象が深い。

……（中略）……

パウリスタではコーヒーのほか，一皿十銭のカレーライスがうまかった。ボーイが景気のいい声で「カレーライス・ワン」と英語で承るのがやたらに西洋くさく，うれしかったものだ。銀座のパウリスタはもちろんだが，錦町や堀留や浅草六区のパウリスタにも，二階のまん中に，等身大のヴィナスの大理石像が立っていた。それがまたやけに異国的な情緒をかもし出してくれた。

それから，これも忘れられないことの一つだが，パウリスタの食卓はいずれも一寸ぐらいの厚さの大理石だった。夏の宵などひやりとする手ざわりがうれしかった。こうして，たった五銭で，けっこうゆたかな気分を味わわせてくれるので，ウィークデーでも大学生や若者たちでいっぱいだった。

(平野, 1983,「パウリスタとオイローパとプランタン」, pp.79-80)

28　お湯や温めた牛乳に溶かすとコーヒーができあがる（全日本コーヒー商工組合連合会・日本コーヒー史編集委員会, 1980 による）。

29　現在も描かれている「星の中の女王の顔」（長谷川, 2008/2018, p.80）のことと思われる。

(6-2)「パウリスタとオイローパとプランタン」における異国情緒経験を生じる要因の解釈

①表面的な異国らしさの認知とその促進要因

　この作品で描写されている時代は杢太郎や白秋の作品よりやや時代が下るとはいえ，数年の違いと推測できる。コーヒーは依然として西洋らしさという象徴的意味を持っていたと考えられる。例えば，注文するとボーイが英語で厨房に伝えることが記されている。これは，先に紹介した山本氏の「銀座あの頃」と共通していることがらであり，西洋らしさを象徴していると言えるだろう。また内装に関して，等身大の大理石の彫刻があったことがあげられており，異国的な情緒を醸し出していたという。したがって，この彫刻も西洋らしさを象徴していると解釈できる。コーヒー・カップへの言及もある。星と女神の正面顔のマークであり，横浜の洋画専門映画館のプログラムのマークと似ていたということである。そのためこのマークも，横浜の洋画専門の映画館の連想と合わさって，西洋らしさという文化的象徴的意味を持っていると言える。

　また，コーヒー入りの角砂糖は「高級感」を象徴しているのだろう。これは今日では見かけないが，かつては存在していたものである。この作品には，ハイカラな家庭でしか常備していなかったと書かれている。桐箱入りの贈答用のものもあったという（全日本コーヒー商工組合連合会・日本コーヒー史編集委員会，1980）。大理石の食卓も，豊かな気分を味わわせてくれたということであるから，高級感があったと思われる。

　もっとも，平野氏の作品に示されている高級感は杢太郎や無名氏が描写したモカによって示される高級感とは性質が少し異なる。モカの高級感は高額・高品質を伴う高級感であったのに対して，コーヒー入り角砂糖や大理石の食卓によって示される高級感は，低価格で味わえる高級感だったからである。

　文化的象徴的意味以外の促進要因に関しては，「新奇性」を読み取ることができる。「コーヒーらしいコーヒー」（p.79）を飲むことはめったになかったようであるから，まず，本格的なコーヒー自体が新奇であると言える。

　したがってこの作品では，パウリスタの店内の様々な事物から生じる西洋

らしさという文化的象徴的意味と，コーヒー入りの角砂糖や大理石の食卓から生じる高級感という文化的象徴的意味，そして本格的なコーヒーに備わっている「新奇性」が，表面的な異国らしさの認知の促進要因として働いていると解釈できる。

②感情反応と深化要因

　この作品からは，杢太郎や無名氏や白秋の作品に示されていたような詩的哀感は読み取れない。「カレーライス・ワン」という注文の伝え方が西洋くさく，うれしかったとある。また，大理石でできた食卓の，ひやりとする手ざわりがうれしかったという。西洋的な新奇な事物に対して，概して楽しさやうれしさを感じていることが窺われる。したがって，山本氏の「銀座あの頃」と同様に，快の感情が生じていたと解釈できる。

　深化要因は前面に出されていない。学校に通っていた頃の思い出であるから，個人的ノスタルジアは生じていると考えられるが，それは，山本氏の「銀座あの頃」と同様に，この作品が回想によってできあがっていることによる。パウリスタで過ごしていたときにノスタルジアが喚起されたということを示しているわけではない。したがって，平野氏の異国情緒経験は主として感覚依存型と考えられる。

　しかし平野氏は，パウリスタのコーヒーカップに描かれていた星と女神の正面顔から洋画専門の映画館のプログラムを連想していたという[30]。カップのマークについては既に促進要因としての象徴的意味として解釈したが，平野氏は自らの経験に基づいて横浜の洋画専門映画館のプログラムを思い出していたのであるから，深化要因の一つである「想像の付加」の存在が示唆されていると見ることもできる。

③価値認識と異国情緒経験

　先に述べた通り，このエッセイからは平野氏の経験が主として感覚依存型

30　平野氏のパウリスタ経験の時代は山本氏のパウリスタ経験の時代と大差ないと思われるが，カップの描写が両者で異なっている。パウリスタのカップは，この間に，ブラジルの国旗のマークから星と女神のマークに変わったのであろうか。

異国情緒経験であったことが読み取れる。ボーイの英語や食卓の大理石の手ざわりがうれしいと書かれているが，ここで言ううれしさは感覚的な刺激に対する反応だからである。

　しかし平野氏にとって，パウリスタでひとときを過ごすという行為は詩作活動とも結びついていた。詩作については，詩人仲間と騒ぐと書かれているだけであるため，はっきりとしたことは言えないが，この活動に「有用性の認知」は伴っていないだろう。銀座店へと活動場所を変えたのは，より本格的な西洋らしさを感じながら詩作をしたいと考えたことによるのだろうか。前述の通り，銀座のパウリスタでは「豪華な文化的雰囲気」（全日本コーヒー商工組合連合会・日本コーヒー史編集委員会, 1980, p.166）を味わうことができたという。銀座店にくらがえした平野氏と詩人仲間たちには，美的価値認識に近い価値認識が生じていたかもしれない。そうであれば，平野氏のカフエー経験には，情趣型異国情緒経験の側面が含まれていた可能性がある。

(7) 異国らしい特徴を持つ事物を描いた文学作品から見た異国情緒経験モデルの妥当性

　本節では，コーヒーやカフエーの異国らしさを描写している 5 つの文学作品を素材とし，異国情緒経験モデルに示した諸要因が見出されるかどうかを検討した。その結果，どの作品においても，モデルに基づく説明がほぼ可能であった（表 5.2）。また，どの作品においても，コーヒーやカフエーが西洋らしさの象徴としての役割を担っていることが読み取られた[31]。これは，当時の日本文化の中で共有された象徴的意味であり，異国らしさの認知の促進要因になっていると解釈できた。

　感情については，混合感情が読み取られた作品（無名氏による"Au Café Printemps"）もあったが，これを除くと，概して詩的哀感か快の感情かに大別できた。そして，詩的哀感を伴う異国らしさの認知は情趣型異国情緒経験を生じ，快の感情を伴う異国らしさの認知は主として感覚依存型異国情緒経験を生じていると解釈できた。本モデルでは，快の感情が生じれば感覚依存

31　山本氏の作品においては，英米らしさのほかにブラジルらしさも読み取ることができた。

型であり，詩的哀感が生じれば情趣型であるという分け方をしているわけではないが，詩的哀感が生じれば情趣型異国情緒経験が生じやすいということは，「もののあはれ」に関する本居宣長の説（第2章参照）と整合性がある。

　情趣型異国情緒経験が読み取られた作品は三つ（杢太郎の「珈琲」，無名氏の"Au Café Printemps,"白秋の「昼の思」）あった。深化要因に関しては，これらのうち「珈琲」と「昼の思」において「ノスタルジアの喚起」が見られた。どちらにおいても，喚起されていたのは個人的ノスタルジアである。また"Au Café Printemps,"と「昼の思」において「想像の付加」が読み取られた。

　感覚依存型異国情緒経験が示された作品は二つ（山本氏の「銀座あの頃」と平野氏の「パウリスタとオイローパとプランタン」）あったが，どちらにおいても，促進要因としての「新奇性」が読み取られた。ただし，これらの作品においては，深化要因の存在も示唆されており，情趣型異国情緒経験と言える側面も含むと解釈できた。

　以上の結果から，異国情緒経験モデルは，事物の知覚に起因する情趣型異国情緒経験と感覚依存型異国情緒経験の生起をほぼ説明できたと言えるだろう。ただし象徴的意味に関しては，文化的意味のみが見出され，個人的意味については検討できなかった。知的満足型異国情緒経験についても，本節では明らかにできなかった。これらの点については次節の研究を行う際に検討する。

3節　ポルトガルの情景を描いた文学作品に見る異国情緒

　本節では，ポルトガルの情景を描き出したエッセイや旅行記等を解釈の素材として取り上げ，異国情緒経験モデルに示した諸要因が見出されるかどうかを検討する。

（1）異国情緒を感じる対象としてのポルトガルの情景

　ポルトガルの情景を描写した作品を取り上げる前に，異国としてのポルトガルの大まかなイメージを確認しておきたい。

　まず，日本におけるポルトガルのイメージとして多くの人が思い浮かべやすいのは，おそらく1543年の鉄砲伝来を発端とする南蛮貿易だろう。南蛮趣味の広がりについては既に第1章で述べた通りである。これは，明治末期の文学界における南蛮趣味（第1章参照）にもつながっている。本章で取り上げる作品の一つ，「アカシアの降る街で」（五木，1967/1984）にも，ポルトガルと日本との古くからの関係については改めて語るまでもないと書かれている。日本との長い交流関係を考えると，異国情緒研究の対象としてポルトガルの情景を取り上げることはごく自然と言えるだろう。しかし，本章でポルトガルに着目する理由は，日本との古くからの関係以外にもある。

　第一にあげられるのは，ポルトガルがユーラシア大陸の西端に位置しているということである。本書の異国情緒経験モデルに基づけば，末端に位置することは異国らしさの認知を深化させると考えられる。

　第二にあげられるのは，ポルトガルのイメージには哀感が伴いやすいということである。第2章で述べたように，繁栄した大航海時代が過去のものであることが一番の理由のようだが，民族歌謡の「ファド」から哀愁や郷愁が感じられることも，ポルトガル案内等にしばしば記されている。

　しかも，哀感が伴うというイメージは，日本から見たポルトガルに限らず，他国から見たポルトガルのイメージにも見出される。海外の旅行案内の記事の中には，日本のポルトガル案内と同様に，特に，「ファド」によって醸し出される哀感を取り上げているもの（Santos, 2017; Weiner, E., 2016）[32] がある。またサントス（Santos, 2017）は，ファドに加えて，ポルトガルの作家フェルナンド・ペソア（Fernand Pessoa, 1888–1935）の『不安の書』も，ポルトガルのイメージに伴う哀感と結びついているかもしれないと論じている。『不安の書』はペソアの死後に出版された書であり，様々な年に執筆された多数の原稿が収められている。参考としてこの書の一部を見てみたい。1929年刊行と記されている文章には以下の記述がある。

32　Culture Trip のウェブサイトにあげられている記事 "Why is Portugal the Country of Melancholia?"（Santos, 2017）と，BBC Travel のウェブサイトにあげられている記事 "The European Country that Loves being Sad"（Weiner, E., 2016）を参照した。

　　夏も日の延びた黄昏時の下町の静けさを，わけても，日中喧騒に
　浸っていたときと比べるといっそう際立つ，あの静けさをこよなく愛
　している。造兵廠通り，税　関　通　り，税関通りの尽きるところから
　　　　　　　　ルア・ド・アルセナル　　ルア・ダ・アルファンデガ
　東に向かって拡がるあれらの物悲しい街路，静かな波止場にそった直
　線の延び──そういうすべては，そのような夕暮れにそうしたもの全
　体に漂う寂しさに浸るとき，物悲しさで慰めてくれる。わたしは自分
　の生きている時代よりも前の時代を生きている。
　（ペソア著, Quadros (Org.), 1986, 高橋訳, 2019,『不安の書』, p.31)

　これは，詩的哀感の漂う情景描写と言えるのではないだろうか。しかも，
著者は前の時代を生きているという感じを持っているのであるから，歴史的
ノスタルジア（第3章および第4章参照）が大きくかかわっていることもわ
かる。これらに異国情緒が加われば，第2章で述べた三要素が揃うことにな
る。
　したがって，ポルトガルの情景に哀感のイメージがあるというのは，日本
からの来訪者だけの見方に限られるわけではないようである。日本以外の国
の人々も，哀感のイメージを持っている可能性がある。
　もっとも，ポルトガルの作家ジョゼ・サラマーゴ氏（本節後述）が著した
歴史・文化紀行『ポルトガルへの旅』(Saramago, 1981/2019) の序文では，
過去へのもの悲しい旅行（melancholy journey）としてこの本を読むべき
ではないと記している。これは，ポルトガルの哀感イメージが相対的なもの
であることを示唆している。
　前述のペソアもまた，観光案内として記されている『ペソアと歩くリスボ
ン』（ペソア, 1992/1999)[33] においては，哀感を漂わせていない。例えば，
「リスボン情緒あふれる地区」（ペソア, 1992, 近藤訳, 1999, p.48）であるア
ルファマについては次のように記している。

33　ペソアの死後に発見された原稿が出版されたものである。

表5.3 ポルトガルの情景を描いている文学作品と解釈の結果

作者	作品名	初出年	作品の ジャンル	解釈素材とした情景 のある場所	解釈された 感情
五木寛之	アカシアの降る街で	1967 (昭和42)	エッセイ	リスボン，ロカ岬	主として詩的哀感
司馬遼太郎	ポルトガル・人と海	1983 (昭和58)	歴史紀行	シルヴェス，ラゴス，サグレス岬	快の感情，詩的哀感
石井崇	漁師たちの祈り	1999 (平成11)	旅行記	エリセイラ	詩的哀感
福間恵子	ポルトガル、西の果てまで	2021 (令和3)	エッセイ	ポルトガル*	快の感情

＊：本書における引用箇所では地名が特定されていない。

象徴的意味←象徴的意味を有する事物	解釈された促進要因	解釈された深化要因	消費者美学の観点からとらえた異国情緒経験のタイプ
・哀しみ←灯火に照らされた古城，ファドの旋律等 ・なじみのある異国の情景，幼年期←アカシアの花	文化的象徴的意味（哀しみ），新奇性，不思議さ	個人的象徴的意味（なじみのある異国・幼年期），歴史的・文化的背景の把握・実感，遠さあるいは末端に位置すること，想像の付加，ノスタルジアの喚起	主として情趣型（知的満足型の側面を含む）
・北アフリカらしさ←アラビア風の拱廊，イスラムの古城 ・大海時代の歴史←「ラゴス」の標識，高所の遺構 ・ヨーロッパ大陸の端←サグレス岬の地面 ・ヨーロッパの文明に対する愛おしみ←小石を地面に戻す行為	文化的象徴的意味（北アフリカらしさ），新奇性，不思議さ	文化的象徴的意味（大航海時代の歴史，ヨーロッパ大陸の端），個人的象徴的意味（ヨーロッパの文明に対する愛おしみ），歴史的・文化的背景の把握・実感，遠さあるいは末端に位置すること，想像の付加	主として知的満足型（情趣型の側面を含む）
・祈りの心←エリセイラと布良に共通に見られる事物（家に祀られている守護神あるいは鳥居，夏祭り，長椅子から漁船を見つめる元漁師たちの姿等）	―（特に見出されず）	文化的象徴的意味（祈りの心），歴史的・文化的背景の把握・実感，ノスタルジアの喚起	主として情趣型（知的満足型の側面を含む）
・ポルトガルらしさ←石畳，ポルトガル語の音声等 ・原風景←ポルトガルの田舎の風景	文化的象徴的意味（ポルトガルらしさ），新奇性，不思議さ	個人的象徴的意味（原風景），ノスタルジアの喚起	主として情趣型（感覚依存型の側面を含む）

　　　……アルファマではすべてが懐かしい――古い家のたたずまい，細い
　　　路地，道にかかるアーチ，家並みの奥へと続く階段，木のバルコニー。
　　　そして，人なつっこい人々。喧噪，おしゃべりや歌，貧しさや塵あく
　　　たでにぎやかに彩られた，その暮らし――。
　　　　　　　（ペソア，1992, 近藤訳, 1999,『ペソアと歩くリスボン』, p.48)

　先に引用した『不安の書』とは，印象が異なるだろう。日本の下町を思わ
せるような描写ではないだろうか。懐かしさへの言及はあるが，哀感に関連
するような表現は見つけにくい。

　したがって，ポルトガルの情景を描写した作品を取り上げるにあたっては，
異国の人々が抱く印象と，ポルトガルの人々がポルトガルに対して持つ印象
とは異なる可能性があることに注意する必要があるだろう。

　本節では，以上のことをふまえて作品の解釈を進めていく。ポルトガルの
情景に関しては，作家五木寛之氏によるエッセイ「アカシアの降る街で」
(1967/1984)，作家司馬遼太郎氏による歴史紀行「ポルトガル・人と海」
(1983/2009)[34]，画家石井崇氏による旅行記『サウダージ　郷愁の国から
ポルトガル放浪記』(1999)，エッセイスト・映画プロデューサー福間恵子氏
によるエッセイ『ポルトガル、西の果てまで』(2021) の四作品を解釈の素
材とする。

　解釈の素材とする作品と解釈の結果は**表5.3**に示す通りである。以下では，
2 節と同様に，この表に記載した順に，作品の背景，内容，解釈結果を述べ
ていく。

(2) 五木寛之氏のエッセイ「アカシアの降る街で」に見る異国情緒
(2-1)「アカシアの降る街で」の背景と内容紹介

　この作品は，作家五木寛之氏によって書かれたものである。「リスボンの
夏」(1967) が改題された作品であり，エッセイ集『異国の街角で』(1984)
に収められている。この作品では，五木氏がポルトガルに行って見聞きし，

34　司馬氏の作品に関する桑島（2019）の論考で「歴史紀行」と記されていたため，本書
　でもこれに倣った。

感じたことが記されているが，リスボンに関する五木氏の作品はこれだけで
はない。今村忠純氏（1984）は，この著作の解説の中で，関連する作品とし
て「アカシアの花の下で」（1977）[35] をあげ，リスボンについて記された部分
を紹介している。また今村氏は，「アカシアの花の下で」において五木氏が
育ったかつての外地のアカシアの記憶がよみがえっていることにも注目して
いる。以下では，「アカシアの降る街で」の中から，リスボンに到着したと
きの様子が書かれた部分と，ヨーロッパ大陸最西端の岬を訪れた時およびこ
の岬を去るときの様子が描かれた部分を抜粋して紹介するが，作品の解釈に
あたっては「アカシアの花の下で」も参照する。

　　……ジェット機が着陸体勢を取ったとき，私は窓の外に大きく傾いた
　　海面を見た。それは，私のはじめて見た大西洋だった。

　　　空港からタクシーでリスボン市内へ向かう途中，黄白色の花がこぼ
　　れるように咲いている街路樹が続いた。それはアカシアの花らしかった。

　　　その花は，私に突然，二十数年前の外地（がいち）の映像をまざまざと思い起
　　こさせた。私は朝鮮で幼年期を過し，夏休みには，しばしばハルビン
　　とか大連（だいれん）の異国的な街を訪れたものだった。

　　　アカシアの花は，それらの街のいたる所に咲いていた。

　　　私はその花の下で遊び，昼寝をし，育ってきた。その花をむしって
　　口に入れると，甘いかすかな味がする。その記憶が不意によみがえっ
　　て来て，私をおどろかせたのだった。

　　……（中略）……

　　ポルトガルの最初の日，私がホテルで感じたその感傷的な第一印象
　　は[36]，私がその土地を去るまで，ブルーのサングラスのように私の視
　　線を染めて離れなかった。それは，すでに一度の輝かしい黄金時代を
　　終えてしまった国と民族の，逃れることのできない哀しみではないか

35　本書で参照したエッセイ「アカシアの花の下で」は集英社刊の『風に吹かれて』（五
　木，1977）に収められた作品だが，五木氏自身のあとがきによると，初出はこれより十
　年近く前ということである。

と思われた。

その哀しみは，この国のいたる所にあった。

澄んだ青を基調にした，民芸品のような建物の壁に，曲り曲って星空へ続くかとも思われる坂道の下町に，半ばスラム化した民家の谷間にひるがえる白い洗濯物に，そして灯火に照らされた丘の上の古城に，決して美しくはなく，髪と眉の黒い小柄な人びとのうなじに，また何よりもその人びとが歌うファドの旋律に，その哀しみの諧調は滲んでいた。

その静かな，一種のあきらめを秘めたような哀感は，疲れた私の心に，柔らかく静かにしみこんできた。私はこの国を訪れて，はじめて自分が望んで求めて来た何物かが，ここにあると感じたのだった。

……（中略）……

私は街にばかりいたわけではない。車を駆って，ヨーロッパ大陸の最西端に位置するカポ・ダ・ロカの岬[37]を訪れたのは，シントラのホテルを引き払ってすぐのことだった。

かつてのパイオニアたちが，そこに立ってヨーロッパ世界の果てる土地から，大西洋の水平線をどのような思いで眺めたかを私は思った。

ポルトガルやイスパニアの栄光をもたらしたものは，彼らの素朴な感動だったにちがいない，という気がした。

……（中略）……

カポ・ダ・ロカを去る時，私は曲がりくねった道路を，ロバに引かせた荷車に乗って行く一家族を見た。

---

36 これより前の箇所に，ホテルで働く少年の，天使のように美しく無垢であり，貪欲さを持たない様子を見て，かすかな悲哀の感情を生じたと書かれている。美しく無垢なものはもろくはかないからであるという。五木氏はこの印象を，ホテルの少年にとどまらず，ポルトガルという国全体に対して抱いている。

37 多くのポルトガル案内では，単に「ロカ岬」と書かれている。本書でも文献からの引用箇所以外では「ロカ岬」と記す。ユーラシア大陸の最西端の地として知られている。詩人カモンイスによる詩の一節「ここに地終わり，海始まる」（小林（茂），2020, p.48掲載の訳による）ということばを記した石碑がある。

　　私の胸にその時うかんだのは，あのアルゼンチンの魂の歌手，アタ
　　ウアルパ・ユパンキが歌う有名なミロンガ，＜牛車にゆられて＞のメ
　　ロディーであり，＜時代にとり残されたものの幸福＞という奇妙な観
　　念だった。

（五木, 1967/1984,「アカシアの降る街で」, pp.40-47）

（2-2）「アカシアの降る街で」における異国情緒経験を生じる要因の解釈

①表面的な異国らしさの認知とその促進要因

　この作品において作者は，民芸品のような建物の壁や灯火に照らされた古
城，ファドの旋律などから哀しみを感じている。つまり，こうした様々な事
物が哀しみという象徴的意味を持っていると解釈できる。このとらえ方には
五木氏特有の部分も含まれると思われるが，古城やファド（第2章および本
章前述）の旋律に哀感を見出すのは，文化的に共有されたとらえ方だろう。
特に，ファドが哀感を表すというとらえ方は，ポルトガルでも共有されてお
り（第2章参照），また本章で先に述べたように日本以外の文化圏に属する
人々の間でも共有されているようである。

　文化的象徴的意味以外の促進要因としては，「新奇性」と「不思議さ」を
あげることができる。「新奇性」は，引用部分最初の，初めて大西洋を見た
という瞬間の記述から窺われる。また，「不思議さ」は，ロバに引かせた荷
車に乗った家族を見る場面に見られる。ポルトガルにいるにもかかわらずア
ルゼンチン音楽を思い起こし，「＜時代にとり残されたものの幸福＞という
奇妙な観念」（p.47）を生じたという。

　したがってこの作品におけるこの抜粋からは，哀しみという文化的象徴的
意味と，「新奇性」および「不思議さ」が，異国らしさの認知の促進要因と
して働いていると解釈できる。もっとも，哀しみという文化的象徴的意味は，
それ自体が異国らしさを表すわけではなく，本モデルにおける次の段階，「快
の感情または詩的哀感が生じるか」という段階（後述）に影響を及ぼしてい
ると考えられる。

②感情反応と深化要因

　この作品の中では哀感への言及がしばしば見られる。作者は，「黄金時代を終えてしまった国と民族」(p.42) が歴史的に「逃れることのない哀しみ」(p.42) を持っており，風景や人々の様子に「静かな，一種のあきらめを秘めたような哀感」(p.44) があると感じている。そしてこうした情景を見ていた作者自身も滞在中に非哀の感情を持ち続けていたという。したがって，感情反応としては，「詩的哀感」が生じていたと考えられる。

　ただし，アカシアの知覚から幼年期を思い出す箇所では哀感の伴わないノスタルジアが表されている。また，哀感に基づくのではあるが，安らぎを得たことも記されている。

　深化要因に関しては，第一に，アカシアの花が持つ個人的象徴的意味をあげることができる。ここで，五木氏の「アカシアの花の下で」も参照しておきたい。次の記述が見られる。

> 　……リスボンの街には，アカシアの花がまっ盛りで，舗道にはり出したテラスには雪のように黄白色の花が降ってくる。私はこのヨーロッパ大陸最西端の土地で，アカシアとポプラと，青い空と，頭に物をのせて運ぶポルトガル婦人たちの列を見た。それは私がかつて育った土地の自然と同じものだった。
>
> （五木, 1977,「アカシアの花の下で」, p.96）

　五木氏にとってアカシアの花は，幼年期に過ごした朝鮮半島の土地から，夏休みに出かけたハルビンや大連を思い出させるものだった。つまり，なじみのある異国の情景と幼年期という象徴的意味を持っていると解釈できる。アカシアと大連の結びつきは他の作家の小説や観光案内にも見られるが，リスボンで見たアカシアの花がなじみのある場所としてのハルビンや大連，そして作者自身の幼年期という象徴的意味を持つのは，個人的である。また，個人的な象徴的意味と関連して，「ノスタルジアの喚起」があったことがわかる。

　だがこの作品からは，これらのほかにも様々な深化要因の存在を確認できる。

　まず，大航海時代への言及があることから「歴史的・文化的背景の把握・実感」が生じていると解釈できる。史実への詳細な説明はないが，五木氏は，歴史に関する知識を持っていた地を訪れることによって，歴史上のできごとを実感したようである。このことは，大航海時代に活躍した航海士たちに五木氏自身の感じ方を重ね合わせていることから窺われる。

　また，ロカ岬に関する記述の箇所では，「ヨーロッパ世界の果てる土地」（p.47）であることが意識されている。これは本書のモデルにおける「遠さあるいは末端に位置すること」の要因に対応している。最西端であることは「アカシアの花の下で」でも明示されている。

　「想像の付加」もあったと見ることができる。それは，先に「不思議さ」の要因として読み取ったアルゼンチンの音楽への連想を，想像活動の結果としてとらえることもできるためである。また本節では，先に，民芸品のような建物の壁や古城に対して感じられる哀しみを文化的象徴的意味として解釈したが，この要因にも「想像の付加」が関係していると考えられる。

③価値認識と異国情緒経験

　五木氏にとってリスボンの街の様子や人々の様子を眺めることは何かの手段ではない。作者は事物を鑑賞し，思いを巡らしている。「有用性の認知」は伴っていないだろう。「決して美しくはなく」（p.44）と書いてあることから，美しさとは性質の異なる美的質（第1章注8参照）を見出し，美的価値を認識していると考えられる。

　また，アカシアの描写は幼年期の思い出と重なっており，作者の目には，色彩も鮮やかに写っている。作者の幼年期を思い出させる手がかりになっているが，これについても「有用性の認知」は生じていない。いたる所に咲いていたアカシアの印象が，花の下で昼寝をした記憶や花をむしって口に入れた記憶とともに，鮮明によみがえっているのである。したがってこの情景の知覚からも，美的価値認識が生じていると考えられる。

　以上のことから，五木氏のポルトガル経験には，詩的哀感と，深化要因，美的価値認識が含まれていると考えられる。そのため，情趣型異国情緒経験が生じていると考えられる。ただしロカ岬においては歴史上の事実を実感す

るという経験もしている。知覚対象に関する「理解の深まり」があったと言えるだろう。したがって、「知的満足型異国情緒経験」の要素も含んでいると考えられる。

(3) 司馬遼太郎氏の歴史紀行「ポルトガル・人と海」に見る異国情緒
(3-1)「ポルトガル・人と海」の背景と内容紹介

　この作品は作家司馬遼太郎氏によって書かれたものであり、『街道をゆく』のシリーズ に含まれている。このシリーズは 1971 年から 1996 年まで『週刊朝日』に連載されていた[38]。単行本としては、シリーズ中 23 冊目『南蛮のみち II』に含まれている[39]。

　司馬氏の歴史紀行を感性哲学の観点から検討している桑島（2019）は、司馬氏の叙述スタイルについて、「『歴史＝文学的想像力』の重要性を、その『語り』において教えてくれる」(p.48) と論じている。また『街道をゆく』のシリーズは、総合科学的、分野融合的な風景読解法を提示していると指摘している。この指摘をふまえると、異国情緒に関して、歴史的要素の少ないエッセイとは異なる結果を得ることができるのではないかと予想できる。特に、前節で見出すことのできなかった知的満足型異国情緒経験が見出される可能性が高いと考えられる。

　以下では、司馬氏たちがリスボンから南下して旅行の最終目的地であるサグレス岬まで向かって行ったときの記述を引用する。サグレス岬に向かう途中に通ったシルヴェスとラゴスに関する部分とサグレス岬に関する部分である。サグレス岬はヨーロッパ大陸の西南端に位置している。なお、引用箇所中に登場する「ラゴス」とは、1514 年に 200 隻を超える艦船と人員五万が集結した港町である（司馬、1983/2009）。ここから北アフリカに向けて渡海したという。大航海時代の幕開けである。また、引用箇所中の「画伯」とは、司馬氏の『街道をゆく』の連載の挿画を担当していた画家須田剋太氏のことであり、この旅に同行している。

38　朝日新聞出版のウェブサイト「司馬遼太郎　街道をゆく　公式ホームページ」を参照した。
39　『南蛮のみち II』には、ポルトガル紀行のほかに、スペイン紀行も含まれている。

司馬氏は，シルヴェスとラゴスについて，次のように記している。

　　“東西山脈”の南麓はオレンジ畑が多く，景色の中の緑が濃密になっ
　た。通りすぎるとどの村の民家も，軒下をアーチ形にして柱を多用し
　たアラビア風の拱廊をそなえており，もはやヨーロッパというより北
　アフリカという思いがつよかった。
　　シルヴェス（Silves）という町を通りすぎた。丘陵一つを民家でう
　ずめた小さな町だったが，路傍にイスラムそのものの古城がのこって
　おり，ひどく異風な感じがしたが，私どもはこの宝石のように美しい
　集落をバスから降りもせずに走りぬけた。贅沢なものだった。

……（中略）……

　　突如，以外な入り江に出た。
　　標識を見ると，ラゴスである。
　　「ラゴス」
　　この世でうかうかと過ごしているうちに，ラゴスという思いもよら
　ぬ歴史の中に迷いこんだというふしぎな感じがした。ただ，平凡な入
　り江だった。日本の室町中期，若いころのエンリケ航海王子たちがあ
　りったけの艦船をあつめてセウタへ渡海した出発港であったような顔
　つきはしておらず，ただの漁港のように見うけられた。
　　　　　　　　　　　（司馬，1983/2009,「ポルトガル・人と海」, pp.252-254)

サグレス岬に関しては，以下のように記されている。

　　翌朝，宿を出ると，体が染まるように海あかりが青かった。
　　大地はせまくなっている。それでもイベリア半島を特徴づけるテー
　ブル状の台地がつづき，山はない。日本では，山が海に沈んだところ
　が岬だが，ここではまないたのような大地が海にむかっている。

……（中略）……

……何に使った遺構かはわからないが，素朴に造った楼台への坂をのぼり，台上にのぼりつめると，あやうく風に吹きとばされそうになった。その高所からあらためて岬の地形を見，天測の練習に仰いだであろう大きな空を見たとき，ここにはたしかに世界最初の航海学校があった，というゆるがぬ実感を得た。

エンリケ航海王子関係の原史料がほとんど消滅しているために，サグレス岬に設けられた世界最初の航海学校というのも，じつは伝説にすぎない，という説があるのだが，おそらく論者はこのサグレス岬にきてここに立ったことがないのではないか。

……（中略）……

私どもは，突角からさがって，岬の基部にむかって歩いた。

須田画伯も，歩いた。画伯は空や海を見ていたが，やがてこどものように退屈してきたのか，うつむいてあちこちの地面を移動して歩き，小石をひろいはじめた。

……（中略）……

……十六世紀以来，私どもの文化を刺激しつづけてくれたヨーロッパは，それが尽きるサグレス岬まで来てみると，もう地面がこれっぽっちしかないのかというかぼそい思いがしてくる。

私は，こどものころからアジアが好きだった。そういう私でさえヨーロッパへの愛情といとおしみがつよい。私ども非ヨーロッパ人は，平衡をもった尊敬をこめて，この大陸に興り，いま沸騰期を過ぎつつある文明を大切にあつかわねばならないが，画伯にもその気分がつよいのであろう。ともかくも，画伯は小石を捨てた[40]。私どもの旅は，小石がサグレス岬のせまい地面に落ちたときにおわった。

（司馬，1983/2009，「ポルトガル・人と海」，

pp.258-261，傍点は原文通り）

40　これより前の箇所に，「ヨーロッパが減るといけないから」（p.261）という理由から，画伯は小石を元の地面に落とし始めたと書かれている。

(3-2)「ポルトガル・人と海」における異国情緒経験を生じる要因の解釈

①表面的な異国らしさの認知とその促進要因

　この作品において作者は,「アラビア風の拱廊^{アーケード}」(p.253) を見たときに, ヨーロッパというより北アフリカという思いが強かったという。またイスラムの古城に関しては,「宝石のように美しい」(p.253) と思いつつも「ひどく異風な感じがした」(p.253) ということである。したがって, この作品においては, これらの建造物が, 北アフリカらしさという象徴的意味を持っていると解釈できる。これらは物理的特徴によるのであり, 司馬氏以外の人が見ても同様の印象を持つと考えられる。そのためこの意味は, 文化的象徴的意味に含められるものの, 文化内で共有されるにとどまらず, おそらく文化を超えて共有されると推測できる。そして, 表面的な異国らしさの認知の促進要因として機能していると解釈できる。

　象徴的意味のほかに,「新奇性」と「不思議さ」も促進要因としてあげることができる。

　「新奇性」は, 岬の形状を日本と比較している箇所に見られる。日本にあるような岬とは異なり,「まないたのような大地が海にむかっている」(p.258) という。また, 前述の通りヨーロッパでありながら北アフリカらしさがあり, イスラムの古城もあり,「異風な感じ」がしたと記されている。この点を「新奇性」として解釈することもできるだろう。

　一方,「不思議さ」が示されているのは, ラゴスに関する記述である。突如として歴史の中に迷いこんだかのように感じられたためである。

　以上のことから, この抜粋箇所からは, 促進要因として, 北アフリカらしさという象徴的意味と,「新奇性」と,「不思議さ」という促進要因があったと解釈できる。

②感情反応と深化要因

　この作品では, 作者の感情は前面に出されていない。しかし, ヨーロッパに対する愛情や愛おしみが強いことを確認し, この地を大切にしようという気持ちを強めているのであるから, 全体的に快の感情があると見てよいだろ

う。しかし司馬氏は，ヨーロッパ大陸西南端に位置することにより，大陸がもうじき終わってしまうというかぼそさも感じている。したがって，詩的哀感も生じていると考えられる。

　深化要因に関しては，「大航海時代の歴史」，「ヨーロッパ大陸の端」，「ヨーロッパの文明に対する愛おしみ」という，三つの象徴的意味を解釈することができる。「大航海時代の歴史」という意味は，突如として遭遇した「ラゴス」の標識や高所に位置する遺構から読み取れる。「ヨーロッパ大陸の端」という意味は，サグレス岬の地面によって象徴されている。サグレス岬の地面は，「もう地面がこれっぽっちしかないのかというかぼそい思い」(p.261)を生じたという。また「ヨーロッパの文明に対する愛おしみ」は，画伯が，「ヨーロッパが減るといけないから」と拾い上げた小石を戻すという行為から読み取ることができる。司馬氏は沸騰期を過ぎつつあるヨーロッパ文明に対する愛おしみを感じつつ，画伯も同じ気持ちでいるのであろうと推測している。したがって，「大航海時代の歴史」と「ヨーロッパ大陸の端」は文化的象徴的意味であり，「ヨーロッパの文明に対する愛おしみ」は個人的象徴的意味として解釈できる。

　象徴的意味のほかには，「歴史的・文化的背景の把握・実感」，「遠さあるいは末端に位置すること」，「想像の付加」の要因を読み取ることができる。

　「歴史的・文化的背景の把握・実感」については，世界最初の航海学校について詳しい記述がある。そして司馬氏は，この学校が確かにこの場所に存在していたということを実感している。

　「遠さあるいは末端に位置すること」は，文化的象徴的意味としてあげた「ヨーロッパ大陸の端」と重なっている。作者は地面の狭さを目の当たりにして，端にいることを強く意識している。今日のポルトガルのガイドブック等では，ユーラシア大陸の末端として紹介されやすいのは前述の通りロカ岬（最西端）だが，北方の大陸であることを考えれば，西南端もまた，末端であるという意識を強めるだろう。

　「想像の付加」は，航海学校の跡に関する記述から読み取れる。当時の学校の様子は，作者が実際に見て確認しているのではなく，遺構を歩き回りながら思い描いているものである。したがって作者は，想像力を働かせながら

遺構を鑑賞していると言える。

③価値認識と異国情緒経験

　本書における抜粋箇所の中心にあるのは，作者が歴史を遡り，確かに航海学校があったと感じたことと，ヨーロッパ大陸の端にいると実感したことだろう。つまり，知覚対象に対する「有用性の認知」を伴う価値認識があると言えるだろう。

　これらのうち，航海学校の跡に関しては，「じつは伝説にすぎない，という説があるのだが，おそらく論者はこのサグレス岬にきてここに立ったことがないのではないか」（p.259）と書かれている。伝説にすぎないという説を否定し，その存在を確信するに至っているのである。これは，即，何かの役に立つという意味での有用性ではない。だがその経験には，「知識の拡大・再形成」（Armstrong and Detweiler-Bedell, 2008; 第3章参照）に通じる認知的な面での有用性があっただろう。つまり，理解の深まりがあり，知的満足型異国情緒経験が生じていると解釈できる。

　もっともシルヴェスの集落の風景については，「宝石のように美しい」（p.253）と記されている。海あかりについても，体が染まるように青いという表現が用いられている。これらは「有用性を伴わない価値認識」と言えるのであり，美的価値認識を表していると考えられる。そのためこの作品には，情趣型異国情緒経験の側面も含まれていると見ることができる。

（4）石井崇氏の旅行記「漁師たちの祈り」に見る異国情緒
（4-1）「漁師たちの祈り」の背景と内容紹介

　この作品は，画家石井崇氏によって書かれたポルトガル旅行記『サウダージ　郷愁の国から　ポルトガル放浪記』に収められた作品の中の一つである。石井氏は1989年に南スペインにアトリエを構え，1993年以降たびたびポルトガルで制作活動を続けてきた（石井, 1999）。したがって，ポルトガルは，日本から初めて観光で出かける場合に比べればなじみのある場所かもしれない。しかし石井氏はこの著作の最初に，ポルトガルについて，スペインと民族も言語も宗教も似ていながら明らかに異質な文化圏であると記してい

る。

　この旅行記ではポルトガルのあちこちの場所が取り上げられている。以下では，本書で解釈の素材とした他の作品では取り上げられていない漁村エリセイラについて書かれている箇所を引用し，解釈の対象とする。エリセイラでは，漁村を描写するだけでなく，日本の土地が思い出されている。類似する経験の想起という点では，先に検討した五木氏の「アカシアの降る街で」と共通している。なお，石井氏の旅行記は女性雑誌 FRaU に連載されたのちに大幅修正が施されたものということである。

　　　二月のはじめ，厚い雨雲が覆うエリセイラを訪れた。閑散とした広場には落葉した街路樹が，抽象画のような姿をみせていた。大西洋を見渡す丘に立つと，寒風に削られた波頭が，灰白色の飛沫になり海面を走る。陸揚げされた漁船，作業小屋，防波堤，どれもがモノトーンの世界に沈んでいた。エリセイラの街は，身をこごめて冬が去るのを待っているかのようだった。

　　　十数年前，南房総半島の突端にある漁村，布良に住んだことがあった。ほんの一年ほどだったが，海に暮らす人々との生活は貴重な体験となった。そして，どうしてもエリセイラの漁師たちの生活と重ねあわせてしまう。

……（中略）……

　　　ふたつの漁村に共通する意識がある。

　　　祈りの心だ。

　　　布良の漁師の家には，よく小さな鳥居が祀られていた。いつもきれいに手入れされ，野の花が飾られている。正月二日には，神主のお祓いの神事で港が清められ，漁がはじまる。夏祭りでは，村の小学生の巫女舞いが神社に奉納される。集落は，神事による祭りで守られているのだ。

　　　同じように，エリセイラの家にはタイル画の守護神が祀られ，チャペルの灯明や夏祭りの行列には，漁師たち全員が参加する。

　　　海とともに暮らす民は，東西に区別なく普段の生活に祈りの心がある。

　　　もうひとつ，ふたつの漁村に共通する姿がある。海を見守る老人たちだ。エリセイラでは，太いチェックで厚手のシャツに黒いベレー帽，生成（きな）りの毛糸で編んだセーター姿で，沖にむかう漁船をみつめる老人たち。布良でも漁港を見渡せる路辺におかれた長椅子には，いつも何人かの老人が座っている。

　　　どちらの元漁師たちも，黒く日焼けし，深い皺（しわ）の奥に光る眼はするどく，常に水平線の彼方をみつめている。

　　　国や宗教が違っても，漁の無事を祈る姿は同じである。

　　　　　　　　　　　　（石井, 1999,「漁師たちの祈り」, p.87, pp.90-91）

(4-2)「漁師たちの祈り」における異国情緒経験を生じる要因の解釈
①表面的な異国らしさの認知とその促進要因

　エリセイラでは，様々な事物が「祈りの心」を象徴していることがわかる。しかし石井氏はそこに南房総半島の漁村との共通点を見出している。したがって，浅い経験や浅い知識しか持っていない状態で見聞きしてすぐにわかる意味ではないのであり，促進要因としてではなく深化要因として取り上げることが適していると考えられる（後述）。

　象徴的意味以外についてはどうだろう。本書における抜粋部分からは，「新奇性」は見出しにくい[41]。「不思議さ」も感じられていないようである。したがって，この作品におけるエリセイラの情景描写からは，表面的な異国らしさの認知の促進要因を読み取ることは困難である。

②感情反応と深化要因

　エリセイラにおける石井氏の感情反応を代表するものは，詩的哀感だろう。「厚い雨雲」，「閑散とした広場」，「落葉した街路樹」，「灰白色の飛沫」，「モ

41　本章ではエリセイラの情景描写を解釈の対象としたが，同書におけるリスボンの情景描写には，「盛大な洗濯物のなかをくぐったり」，「民芸館にでもいったような感銘をよぶ」（いずれも p.63）等の記述があり，「新奇性」の要因を読み取ることができる。

ノトーンの世界」（いずれも p.87）等は詩的哀感を生じやすくすると思われる。このうち落葉は下降運動の一種ととらえることも可能なのであり（牧野，2019），「悲しい」は下の位置によって表現されるとするレイコフとジョンソン（Lakoff and Johnson, 1999/2004）のメタファー研究とも整合性がある。

深化要因に関しては，先に言及したように，「祈りの心」という象徴的意味を読み取ることができる。

エリセイラの家にあるタイル画の守護神，漁師たちが参加するチャペルの灯明や夏祭りから，祈りの心があることがわかるという。元漁師たちの，長椅子から漁船を見つめる行為も，無事を祈る気持ちを象徴していると言える。この象徴的意味は個人的なものではなく，エリセイラにおける文化的な意味と解釈できる。

しかし関心を寄せているのは眼前のエリセイラの風景だけではない。石井氏はかつて住んだことのある南房総半島の漁村布良の各家庭の鳥居や夏祭り，漁船を見つめる元漁師たちの様子を思い起こし，両者に共通する「祈りの心」があると見ている。したがって，「祈りの心」は文化的象徴的意味であり，なおかつ文化を超えた象徴的意味であると解釈できる。

また，「祈りの心」と結びつく要因として，「歴史的・文化的背景の把握・実感」と「ノスタルジアの喚起」の要因をあげることができる。

この作品における「歴史的・文化的背景の把握・実感」は，司馬氏の作品に見られるような歴史的なできごとの実感とは性質が異なる。ここで石井氏が把握・実感しているのは，石井氏自身が経験した南房総半島の漁村暮らしとの共通点である。なじみの情景との共通点が見つかったことから，エリセイラの情景の感慨深さが増したと解釈できる。

「ノスタルジアの喚起」は，南房総半島の漁村の思い出から読み取れる。漁村暮らしは一年だけだったが，貴重な体験になったという。したがって個人的ノスタルジアが喚起されていることがわかる。

③価値認識と異国情緒経験

エリセイラの情景は，「祈りの心」を中心として記述されている。「有用性

の認知」はないと見てよいだろう。情景は，「抽象画」，「モノトーン」（いずれも p.87）などのことばによって描写されており，多分に絵画作品的である。こうしたことから，美的価値認識が生じていることが窺われる。

　しかし先に述べたように，石井氏は，各家庭に守護神が祀られている様子や漁の無事を願って漁船を見つめる元漁師たちの姿を見て，房総半島の漁村との共通点を見出している。このことは，感慨深さを増すとともに，当該の情景に対する理解も深めているだろう。

　以上のことから，エリセイラにおける石井氏の異国情緒経験は主として情趣型と言えるが，知的満足型の側面も含んでいると考えられる。

(5) 福間恵子氏のエッセイ『ポルトガル、西の果てまで』に見る異国情緒
(5-1)『ポルトガル、西の果てまで』の背景と内容紹介

　エッセイスト・映画プロデューサー福間恵子氏によるこの作品は，福間氏がドキュメンタリーマガジン neoneo のウェブサイトに「『ポルトガル，食と映画の旅』と題して，2016 年 10 月から 2018 年 11 月まで 21 回にわたって連載したエッセイを，改稿再編成したもの」（福間，2021, p.244）である。福間氏は 18 年間に 13 回ポルトガルに旅行に出かけているという。一人旅と夫婦での旅が含まれている。また，離島への旅も含まれている。本書ではその中から，ポルトガルへの初めての一人旅に関する部分と，ポルトガルの風景の印象について書かれている部分を紹介し，異国情緒経験モデルに即した解釈を試みる。

　作者が初めてポルトガルへの一人旅に出かけたときの印象は以下のように記されている。夫妻で毎年のようにスペインを訪ねるようになったあとの旅である。

　　　なぜか懐かしく感じる人々の表情とあたたかさ。石畳にひびくポルトガル語の，やわらかで美しい音色。スペインと大きくちがうアレンテージョ地方の料理の，素朴だが繊細な味。夜の通りにただよう淡い霧のやさしさ。バスから降りて町と人に包まれる。気がつくと心地よ

い場所に入りこんでいた。

…… (中略) ……

……長い年月を経て，やっと出会えたポルトガル。わたしとこの国は
こういう運命だったのだと納得する。これがポルトガルとの長いつき
あいのはじまりだった。

（福間, 2021,『ポルトガル、西の果てまで』, pp.8-9)

　福間氏は，このエッセイの締め括りにおいて，旅を人生にたとえるサラ
マーゴ氏（本節前述）の考え方をふまえ，ポルトガルの風景について次のよ
うに記している。

　　わたしは中国地方の山間部にある小さな町で生まれ育った。もし自
　分に原風景というものがあるとしたら，ポルトガルの田舎にそれを見
　ている気がする。低い山と川に囲まれたわたしの郷里には，霧が立ち，
　虹が生まれ，樹々と草花があたりまえのように育つ。人々は遠い世界
　のことよりも狭い社会で生きることに懸命で，日々の糧のために働く
　ことをよしとしている。そこにある息苦しさから逃れて都会に生きる
　ことを選んだ自分が，ポルトガルに今なおあるその風景のなかで心を
　開いている。そこから生まれる食べものや映画や文学，そして人間に，
　どうしようもないほどの愛着を感じている。

（福間, 2021,『ポルトガル、西の果てまで』, p.243)

(5-2)『ポルトガル、西の果てまで』における異国情緒経験を生じる
　　要因の解釈
①表面的な異国らしさの認知とその促進要因

　ポルトガルへの初めての一人旅に関する抜粋部分には，福間氏が，石畳や
ポルトガル語の音声，素朴だが繊細な料理の味等からポルトガルらしさを感
じていることが記されている。つまり，これらの事物が「ポルトガルらしさ」
という象徴的意味を持っていると解釈できる。石畳やポルトガル語の音声に

ポルトガルらしさを感じるのは，おそらく福間氏個人に限られるわけではない。そのためこれは文化的象徴的意味であろう。日本以外の場所からの旅行者も同様に感じるならば，文化を超えて共有される象徴的意味と言えるだろう。

　本書における抜粋部分からは，「新奇性」も読み取ることができる。「新奇性」は，スペイン旅行経験の豊富な福間氏がスペインとは異なると感じていることから解釈できる。しかし，初めての土地でありながらもなぜか懐かしく感じられたという。このことから，「不思議さ」も読み取ることができる。

　したがって，象徴的意味としてのポルトガルらしさ，「新奇性」および「不思議さ」が，表面的な異国らしさの認知を促進する要因として機能していると解釈できる。

②感情反応と深化要因

　感情反応は，初めて一人でポルトガルに行ったときの印象に関する記述に示されている。作者は「あたたかさ」や「やさしさ」を感じ，「心地よい」と記しているのであるから，快の感情を生じていたのだろう。ポルトガルに愛着を感じ，18年間かけて13回訪れたということからも，快の感情が生じていたことを推測できる。

　深化要因に関しては，まず，原風景という個人的な象徴的意味をあげることができる。これは，中国地方の山間部で生まれ育った福間氏にとって，ポルトガルの田舎の風景が原風景のように感じられると記されていることから解釈できる。

　また原風景という個人的象徴的意味と関連して，「ノスタルジアの喚起」の要因を読み取ることができる。ここに見られるノスタルジアは個人的ノスタルジアである。福間氏は，出身地である中国地方の山間部の小さな町とポルトガルの田舎を重ね合わせている。だからこそ愛着を感じ，繰り返し訪れるようになったのだろう。これは，ポルトガルへの最初の一人旅のあとで「こういう運命だったのだと納得」(p.9)したことと関連づけて解釈することができる。

③価値認識と異国情緒経験

　福間氏にとって，ポルトガルの各地を訪ねて様々な事物や情景を眺めることは，何かの目的を達成するための手段ではない。見ることや体験すること自体が目的となっている。特に，福間氏はポルトガルの田舎の風景を見て原風景であると感じているのであるから，「有用性の認知を伴わない価値認識」があると言えるだろう。そのため，美的価値認識が生じていることが窺われる。

　ただし前述の通り福間氏は，ポルトガルへの最初の一人旅では，あたたかさや懐かしさのほかに，心地よさも感じている。心地よさを感じるという経験は多分に感覚的である。

　以上のことから，福間氏のポルトガル経験は，主として情趣型異国情緒経験と言えるが，感覚依存型の側面も含んでいると考えられる。

(6) 異国の情景を描いた文学作品から見た異国情緒経験モデルの妥当性

(6-1) 異国情緒経験モデルにおける諸要因の妥当性

　3節では，異国の情景を描写している四つの文学作品からの抜粋を素材として，異国情緒経験モデルに示した諸要因が見出されるかどうかを検討した。その結果，どの作品においても，モデルに示した要因を読み取ることができ，モデルに沿った説明をすることがほぼ可能であった（表4.3）。

　事物の象徴的意味は，促進要因になっている場合もあれば深化要因になっている場合もあった。どのような事物がどのような象徴的意味を持つかは作品によって異なっていたが，場所を象徴する場合は，必ずしもポルトガルらしさを象徴しているわけではないことがわかった。五木氏の「アカシアの降る街で」ではなじみのある異国（大連やハルビン）という個人的象徴的意味を持ち，司馬氏の「ポルトガル・人と海」では北アフリカらしさという文化的象徴的意味を持っていた。

　また，文化的象徴的意味が促進要因として作用し，個人的象徴的意味が深化要因として作用するとは，必ずしも言えないことが示された。それは，司馬氏の「ポルトガル・人と海」と石井氏の「漁師たちの祈り」において，文

化的象徴的意味が深化要因として作用していることが読み取れたためである。この点は，本書で提案したモデルと若干異なっている。

　感情については，どの作品からも，快の感情または詩的哀感あるいはそれら両方を読み取ることができた。しかし，感情と異国情緒経験の類型との対応関係は見出せなかった。快の感情が生じた場合も詩的哀感が生じた場合も，情趣型異国情緒経験が生じることもあれば知的満足型異国情緒経験が生じることもあった。

　この点では，本節の結果は2節（コーヒーやカフエーを描いた文学作品に見る異国情緒）の結果と異なる。というのも，2節では，快の感情経験を伴う異国情緒経験は概して感覚依存型であり，詩的哀感を伴う異国情緒経験は概して情趣型であるという結果が得られたからである。

　ただし，本節の研究で解釈された快の感情は愛おしみやあたたかさであり，楽しみやうれしさ，喜び等ではない。愛おしみやあたたかさは，感情構造の活動性の次元上で説明するなら，おそらく動的ではなく静的な場所に位置づけられるだろう。このことから，感覚依存型異国情緒経験は，楽しみや歓喜を伴う異国らしさの認知から生じやすく，これら以外の感情を伴う異国らしさの認知からは，情趣型または知的満足型の異国情緒経験が生じやすいのではないかと推測できる。

(6-2) 異国情緒経験のタイプ別の特徴

　本節の研究で情趣型（「主として情趣型」）の異国情緒を生じていると解釈された作品は三つ（五木氏の「アカシアの降る街で」，石井氏の「漁師たちの祈り」，福間氏の『ポルトガル，西の果てまで』）あった。深化要因に関してこれらの作品に共通して見られたのは，「ノスタルジアの喚起」であった。

　ここで見出されたノスタルジアはいずれも個人的ノスタルジアだった。また，象徴的意はいずれも作者自身の経験に基づく個人的象徴的意味であり，個人的ノスタルジアに通じるものだった。

　知的満足型（「主として知的満足型」）の異国情緒を生じていると解釈された作品は一つ（司馬氏の「ポルトガル・人と海」）だった。この作品では，深化要因に関して，象徴的意味のほかに，「歴史的・文化的背景の把握・実

感」,「遠さあるいは末端に位置すること」,「想像の付加」, つまり,「ノスタルジアの喚起」以外の深化要因が全て見出された。海外旅行のガイドブック等では, ノスタルジアが異国情緒と共に語られることが多いが（第2章参照）, 少なくともこの作品からは, 歴史的ノスタルジアが異国情緒経験を生じるということは読み取れなかった。

　なお, 感覚依存型の異国情緒経験は, 本節で取り上げた作品からはほとんど読み取ることができなかった。

4節　結論と今後の課題

(1) 消費者美学から見た異国情緒の感じ方

　本書では, 異国情緒を感じるという経験を, 消費者行動研究のサブフィールドとしての消費者美学の立場から説明することを試みた。まず, 日本における異国情緒の概念の意味と用例を検討した。また, 異国情緒を感じるという経験を快楽消費の枠組みでとらえ, 異国情緒経験を, 情趣型, 感覚依存型, 知的満足型に分類した。次に, これらの異国情緒経験の生起を説明するための概念モデル（「異国情緒経験モデル」）を掲げた。そして, このモデルの妥当性を吟味するために, 事物の知覚に起因する異国情緒経験と情景の知覚に起因する異国情緒経験について, 人文学的解釈アプローチを用いて研究を行った。

　本章2節・3節の解釈研究の結果を総合すると, 情趣型, 知的満足型, 感覚依存型のそれぞれの異国情緒経験について, モデルの妥当性をほぼ確認できたと言える。つまり, 事物や情景を知覚したとき, (1) 快の感情または詩的哀感, 本質的な異国らしさの認知, 美的価値認識があれば, 情趣型異国情緒経験が生じること, (2) 快の感情または詩的哀感, 本質的な異国らしさの認知, 知的価値認識があれば, 知的満足型異国情緒経験が生じること, (3) 快の感情または詩的哀感が生じても異国らしさの認知が深まらなかった場合には感覚依存型異国情緒経験が生じることを解釈できた。また, 事物の文化的象徴的意味および個人的象徴的意味が, 異国らしさの認知を促進する要因あるいは深化させる要因として作用することを解釈できた。

　これらの結果のうち，消費者美学において特に注目すべきなのは（1）の情趣型異国情緒経験である。深化要因の検討から，情趣型異国情緒経験は，個人的ノスタルジアが喚起されるときに生じやすいことが示された。情趣型異国情緒経験は，異国らしい特徴を持つ事物を見ながらも懐かしさを感じるときや，異国にいながらにして，自国の情景やかつて自分が慣れ親しんでいた土地などを思い起こすときに，しばしば生じていたのである。異国情緒の感じ方の本質は，異国を明確に意識することではなく，異国の中に自国あるいは自己を見出すことであるのかもしれない。これは，従来のエグゾチスム研究とは異なる，本書の解釈研究から得られた結論である。

（2）今後の研究課題
▶ 異国情緒経験の類型に関する課題

　本書では，異国情緒経験を情趣型，知的満足型，感覚依存型の三つに分類したが，本章2節・3節の解釈研究においては，取り上げた作品の多くが情趣型に属するものであった。この結果については，一般消費者が手がけた作品ではなく，詩人や作家の作品を解釈の素材としたため，美的価値認識を伴いやすかったという理由が考えられる。しかしここでは，その理由を作者に帰するのではなく，より根本的な問題としてとらえてみたい。つまり，作者が詩人や作家か一般消費者かということによらず，異国情緒経験は概して情趣型になりやすいという仮説を考えてみたい。つまり，異国らしい特徴を持つ事物や情景を知覚したときに，快の感情や詩的哀感が生じるならば，美的価値が認識されやすいと推測できる。この点は消費者美学研究としての異国情緒研究においては重要と考えられるのであり，今後さらに研究する必要がある。

▶ 異国情緒経験におけるノスタルジアの要因に関する課題

　本書では，異国情緒経験モデルにおける深化要因の一つとして「ノスタルジアの喚起」を位置づけた。これは，個人的ノスタルジアの喚起と歴史的ノスタルジアの喚起から成る。本章の解釈研究では，これのうち，専ら個人的ノスタルジアの喚起が読み取られ，歴史的ノスタルジアの喚起を読み取るこ

とはできなかった。これはなぜだろうか。

　第1章で検討したように，「エグゾチスム」は本来「外」の対象の認識に基づく概念である。個人的ノスタルジアが異国らしさの認知をより深いものにするという結論は，一見，論理的な矛盾のように思えるかもしれない。

　だが，異国らしい特徴を持つ事物や情景を知覚して深く心に響いたと感じるときは，表面的に新奇な対象や不思議な対象でありながらも，知覚者自身がもともと持っている経験や指向性と合致するところがあるのだろう。情趣としての異国情緒経験が可能になるのは，そういうものへの気づきや共感があったときなのではないだろうか。

　一方，歴史的ノスタルジアは知覚者自身の過去とは直接結びつかないため，詩的哀感より，動的な快の感情を伴いやすいと予想できる。そのため，感覚依存型異国情緒経験を生じやすいと考えられる。本書で歴史的ノスタルジアの要因について明らかにできなかったのは，本書で取り上げた作品に，感覚依存型異国情緒経験を描いた作品が少なかったためではないだろうか。この点についても今後の研究が必要である。

▶ 結果の一般化の可能性と方法に関する課題

　本研究には，上記の二点のほかに，方法に関する課題もある。消費者行動研究において解釈アプローチが用いられる場合，結果の一般化は問題にされないことが多い。しかし本研究では普遍的な美的経験として情趣型異国情緒経験を取り上げているため，一般化の問題を考える必要がある。

　本章の研究で解釈の素材としたのは，コーヒーとカフエーに関する文学作品と，ポルトガルの情景を描き出した文学作品だった。別の作品を素材とした場合に，モデル通りに説明することができないという問題が生じる可能性が残されている。また，本研究と同じ作品を素材としても，本研究とは異なる解釈を行うこともできるだろう。そもそも消費者行動研究における人文学的解釈アプローチに，確立された手続きがないという点も問題である。

　もっとも，これらのことは異国情緒経験というテーマに限定されることではない。消費者行動研究における作品解釈のアプローチ全体にかかわる問題であろう。このアプローチの可能性と限界を明確にすることも今後の課題である。

終章

マーケティング・インプリケーション

　本書では,「異国情緒」という日本語の概念を遡ることから研究を始め,快楽消費研究をふまえて異国情緒経験を分類した。それらは,感覚依存型,情趣型,知的満足型の三つである。次に,これら三タイプの異国情緒経験を包括的に説明する「異国情緒経験モデル」を構築し,人文学的解釈アプローチを用いてこのモデルの妥当性を検討した。そして,美的経験としての異国情緒経験の中心に位置するのは情趣型であり,情趣型の本質は,異国らしさの中に,自己に通じるものを見出すことであるという結論を導いた。また,感覚依存型は表面的な異国らしさの認知と感情反応に基づいて生起し,知的満足型は知的価値認識に基づいて生起するという結論を得た。

　しかし,これらの結論は,個々の消費者の心理的な反応に関するものである。本書で検討してきたことがらをマーケティング戦略に活かそうとするならば,どのようなことが言えるだろうか。終章では,情趣型,知的満足型,感覚依存型のそれぞれの異国情緒経験について,マーケティング・インプリケーションを考える。

1節　情趣型異国情緒経験に関するマーケティング・インプリケーション

(1) 情報を提示しすぎないこと

　本章冒頭で述べた通り,情趣型異国情緒経験に関して第5章の解釈研究から導かれた結論は,いくぶん逆説的ではあるが,異国情緒は,異国を明確に

意識するときではなく，異国の中に自国あるいは自己を見出すときに感じられやすいというものであった。このことは，情趣型異国情緒経験に共通する特徴として，個人的ノスタルジアの喚起が見出されたことから読み取れた[1]。そこで，個人的ノスタルジアを喚起するマーケティング戦略を考えてみたい。

　個人的ノスタルジアに関する消費者行動研究では，例えば，子どもの頃に飲食した定番のチョコレートや飲み物がノスタルジアを喚起しやすいことが見出されるなど（Havlena and Holak, 1996），個人的な思い出でありながらも消費者間で共有されやすいことがらがあることも明らかにされている。しかし，異国らしさと結びつく個人的な思い出となると，共通点は見出されにくくなるだろう。

　そのためここでは，個人的ノスタルジアを喚起するマーケティング戦略を考えるのではなく，個人的ノスタルジアの喚起を妨げない環境づくりを考えることを提案する。戦略と呼ぶにしては消極的だが，型にはまったとらえ方を消費者に押し付けないことが重要と思われる。情報を提示しすぎないことも重要であろう。知覚者自身の思い出と重ね合わせることが可能であるかに見えた側面が，詳細な情報を伝えられることによって，重ね合わせられなくなるということも考えられるためである。

　もっとも，知的満足型異国情緒経験の生起を促進したい場合には，詳細な情報の提供はむしろ奨励されるべきである（本章 2 節参照）。特に，「消費者コスモポリタニズム」（序章参照）の程度が高いと思われる消費者に対して異国らしさを示す情報を伝えると，知的満足型異国情緒経験が生起しやすくなるのではないだろうか。したがって，まずはターゲットとする消費者層のニーズを把握することが重要になるだろう。

(2) 情趣型異国情緒経験と拡張自己

　異国らしさの中に自己を見出すときに情趣型異国情緒経験が生じやすいという結論は，自己に関する研究としての異国情緒研究が可能であることを意

---

[1]　主として情趣型であると判断された作品が，2 節で三つ（表 5.2），3 節で三つ（表 5.3），合計六つあり，それらのうちの五作品において，ノスタルジアの喚起の要因が読み取れた。

味する。マーケティング研究および消費者行動研究では、自己の拡張とその内的構造に関する心理学研究（Prelinger, 1959）をふまえた「拡張自己」（e.g., Belk, 1987）の研究が行われてきた。ベルクの考える拡張自己とは、身体の部位や所有物など、自己を成り立たせていると主観的にとらえられる対象全般のことであり、個々の消費者の自己の定義において重要とされる[2]。

　ベルク（Belk, 1987）は、アメリカのユタ州で、様々な対象について、自己の一部らしいと感じられる程度を1から4までの4段階で尋ねる調査を行った。その結果を見ると、子どもの頃の思い出（平均3.44）、職業（平均3.15）、アメリカ合衆国（平均2.95）などの値が高いだけでなく、気に入っている過去の旅行経験（平均3.17）や、気に入っている他国（平均2.44）などについても、比較的高い値が得られたことがわかる。これらは、異国らしさと関連のある対象と言えるだろう。しかし詳細については、男女差と年齢による違い以外は明らかにされていない。また、先行研究であるプリリンジャー（Prelinger, 1959）の調査には、身体の部位や所有物のほかに、「この都市のダウンタウン・エリア」、「月」など、距離の離れた対象も含まれていた。だがこれらに関しては、自己の一部とはとらえられにくいという結果が得られている。情趣型異国情緒の観点からプリリンジャーやベルクの研究結果について考えると、どのようなことを導けるだろうか。

　本書第5章で行った研究の結果に基づくと、異国らしい特徴を持つ事物や情景に対して情趣型異国情緒を強く感じる人は、その事物や情景を拡張自己であると感じる程度が高いと予想できる。これに対し、同じ事物や情景を知覚しても、情趣型異国情緒をさほど感じない人は、その事物や情景を拡張自己であると感じる程度は低いのだろう。この点を明らかにすることは、拡張自己の研究の裾野を広げるだけでなく、マーケティング戦略にも活かせるかもしれない。例えば、特定の異国の事物や情景に対して情趣型異国情緒を感じる消費者は、当該の国らしい特徴を持つ事物や情景に対して高いロイヤルティを形成しやすいといったことを予想できる。

2　「拡張自己」の説明に関しては、池内・藤原（2004）の論文も参考にした。

2節　知的満足型異国情緒経験に関するマーケティング・インプリケーション

(1) 真正性を備える必要性の有無

　第3章で述べたように，消費者行動研究におけるエグゾチシズム研究では，しばしば真正性の問題が論じられてきた。ただし，先行研究からは，エグゾチックな経験をするにあたっては，必ずしも真正性を備えていなくてもよいことが示されていた（Carroll and Wheaton, 2019; Falkof, 2022）。

　だが，本当に真正性は備えていなくてもよいのだろうか。ギルモアとパイン（Gilmore and Pine, 2007）は，今日の消費者が，偽物か本物かで世界を見るようになり，本物を買いたがるようになってきていると指摘している。ところが，何が本物かは人によって異なるという。ギルモアとパインは，真正性の問題を検討していくにあたり，様々な具体例をあげている。その中に，ラスベガスのヴェネチアン・ホテルが含まれている[3]。本書第4章でヴェネチアへの見立てについて論じた際に言及したラスベガスのヴェネチア風リゾートのことである。ギルモアとパインはこのリゾートについて，本物のヴェネチアより好む人々もいると指摘している。また，文化研究の知見をふまえて，本家本元のヴェネチア自体が，観光客用に人工的に維持されてきたとも指摘している。

　ギルモアとパインの指摘を本書の視点からとらえると，どのようなことが言えるだろうか。知的満足型異国情緒を感じるためには，対象に関する正しい知識を得ることや，それらを実感することが重要だろう。したがって，真正性は必要である。ギルモアとパインがあげているラスベガスのヴェネチアン・ホテルの例は，知的満足型ではなく感覚依存型の異国情緒経験として説明できるのではないだろうか。つまり，ラスベガスのヴェネチアン・ホテルで得られるヴェネチアらしさの経験は，「歴史的・文化的背景の把握・実感」等の深化要因の働きかけの少ない経験ではないかと推測できる[4]。

3　訳書（林，2009）では「ベネチアン」と表記されている。本書では，表記を統一するために「ヴェネチアン」と記した。「ベニス」についても同様に，本書では「ヴェネチア」と記した。

　一方，ヴェネチア自体がかつての姿そのままではなく，人工的に維持されているという指摘については，感覚依存型の要素と知的満足型の要素が混在していると言えるかもしれない。第5章で紹介した司馬氏の「ポルトガル・人と海」を改めて例として取り上げてみたい。司馬氏は，今となっては平凡な入り江となっているラゴスや，世界最初の航海学校の跡地を訪れて，過去の時代へと思いを巡らしていた。ここでもし，見事に復元された港や航海学校があったらどうであろう。知的満足は得られるかもしれないが，それは，充実した資料館や博物館に行ったときの満足に近いだろう。現在は跡地になっているという状態の方が，より感慨深い異国情緒経験ができるのではないだろうか。

　もっとも，異国の事物に関する博物館や資料館で得られる満足と，知的満足型異国情緒経験の違いについては，本書では検討していない。知的満足型異国情緒経験に関するマーケティング戦略を考えるにあたっては，この点を明らかにする必要があるだろう。

(2) 知的満足の先に現れる行動

　消費者行動研究の分野では，商品カテゴリーに関する知識の乏しい消費者は広い知識を得られる経験（多くの種類を試すなど）を好むのに対して，専門的知識のある消費者はさらに深い知識を得られる経験（狭い範囲内で知識を豊かにするなど）を好むということを示した研究（Clarkson et al., 2013）がある[5]。この研究の結果をふまえると，知的満足型異国情緒を感じた消費者

4　もっとも，ギルモアとパインによると，ヴェネチアン・ホテルのオーナーは，「本物の」（原書では“real”を斜体表示）ヴェネチアを造ろうとしていると語っている。またギルモアとパインは，ヴェネチアン・ホテルを本物と見る人がいる理由として，ヴェネチアン・ホテルがヴェネチアを讃えて参照していることをあげている。

5　この研究では複数の実験が行われた。その中の一つはドレッシングの試食実験だった。広い知識を得られる経験として，珍しい味のドレッシングが用意され，深い知識が得られる経験として，典型的だが従来のものとは異なる味のドレッシングが用意された。実験の結果，専門的知識のある消費者は知識の乏しい消費者より，深い知識が得られる経験を将来高く評価すると予想していることが示された。一方，知識の乏しい消費者は専門的知識のある消費者より，広い知識が得られる経験を将来高く評価すると予想していることが示された。

は，その後，さらに深い知識を得られるような経験を欲すると予想できる。従来の顧客満足研究では，商品に満足すると概して再購買の可能性が高まると考えられてきたが，知的な満足の場合は同じ行動が繰り返されるとは限らないわけである。

　例えば，マカオで見られるカルサーダス（図柄の入った石畳）は，もともとポルトガルからもたらされたものであった（第2章および第4章参照）。マカオで様々な図柄のカルサーダスを，ただかわいい，凝っているなどと思って見ている消費者に比べて，歴史的背景を知って見ている消費者の方が，知的満足型の異国情緒を深く感じるだろう（第4章参照）。そうした消費者は，機会があればポルトガルに行って石畳を見てみたいと思うかもしれない。あるいは，実際に行かずとも，ポルトガルの石畳について調べてみようという気持ちになるかもしれない。

　このことは，異国を訪れる経験に限らず，異国の商品の購入・消費においても生じる可能性がある。例えば，北欧デザインの家具を購入した消費者が，家具というカテゴリーを越えて北欧デザインの食器も欲しいと思ったり，北欧の文化について学びたいと思ったりするということがあり得る。

　これらの場合には，消費者の知識の中に，ポルトガルの石畳や北欧デザインといったテーマに基づくカテゴリー（第4章参照）が形成されつつあると考えられる。そして，このテーマにつながる購買や消費が生じやすくなると予想できる。

　そのため，異国らしさを表す何らかのテーマに基づくカテゴリーを形成しつつある消費者に対しては，そのテーマについて，幾分専門的な情報や経験を提供していくことが効果的だろう。

3節　感覚依存型異国情緒経験に関するマーケティング・インプリケーション

(1) 新奇性と異国情緒

　感覚依存型異国情緒経験は，第5章2節で検討した二つの作品「銀座あの頃」と「パウリスタとオイローパとプランタン」に見られた。そしてどちら

の作品からも，表面的な異国らしさの認知の促進要因としての「新奇性」を読み取ることができた。新奇性は他のタイプの異国情緒経験においても見られたが，感覚依存型異国情緒経験においては特に重要と考えられる。

　新奇性の要因について考えるときに思い浮かびやすいのは，刺激自体の新奇性であろう。しかし新奇性の概念について検討したケーガン（Kagan, 2009）は，新奇性には，刺激自体が目新しいという意味での新奇性（「刺激新奇性」，"stimulus novelty"）のほかに，既知の対象同士の組み合わせが目新しいという意味での新奇性や，なじみのない状況の中になじみの対象が存在するという場合の新奇性もあると指摘している。ケーガンはこれらを「概念新奇性」（"conceptual novelty"）と呼んでいる。ケーガンによれば，刺激新奇性と概念新奇性の違いは，新奇な刺激を提示したときの脳の反応にも表れるということである。ケーガンの言う概念新奇性を本書の立場からとらえた場合，第2章の異国らしさの分類における「複数の国らしさの混合」が当てはまるだろう。

　では，新奇性を強めるマーケティング戦略としてはどのようなことが考えられるだろうか。知覚対象となる事物や情景に刺激新奇性がある場合には，自国らしさとの違いに気づきやすくなるような情報提供が適していると思われる。一方，特定の異国らしさと自国らしさの組み合わせによる概念新奇性がある場合には，異国らしさに関する情報を提供すると同時に，自国らしさへの注意を促すようなマーケティング・コミュニケーションを行うと良いと思われる。

(2) 新奇なものへの関心を強める戦略

　バーライン（Berlyne, 1971, 1974）の新実験美学の考え方に基づけば，知覚対象の新奇性はほどほどであることが望ましく，高すぎるのは良くないことになる（第3章・第4章・第5章参照）。また心理学の分野では，以前から「単純接触効果」[6] に関する研究が行われており，新奇なものよりなじみのものの方が好まれるという現象の存在が確認されている。

　しかし，マーケティング研究においては，なじみのものより新奇なものの方が好まれる場合があることも明らかにされている。ウォルター他（Walter et al., 2013）は，実験室実験や現場実験を行い，商品の配置が選好に影響を及ぼすことを明らかにした。ウォルター他の研究では，なじみのない選択肢が選ばれる割合は，システマティックではない配置で選択肢が提示されたときの方が，システマティックな配置で提示されたときより大きいことが示された。例えば，様々なスマートフォンが提示される実験では，なじみのもの，なじみではないものがそれぞれ一列に並べられている場合より，入り乱れた状態で並べられているときの方が，全体的な商品探索が多く，なじみではないものが選ばれる割合も高かったのである。もっとも，事前に各自の選好を明らかにしておいた場合には，配置の効果は認められなかったという。

　この研究から得られた知見を，異国らしい事物の知覚の説明に当てはめてみると，どのようなことが言えるだろうか。例えば，蚤の市のような場所で，なじみの食器と，異国から輸入されたなじみのない食器の両方が売られており，どれかを選ぼうと考えていたとする。なじみの食器と，なじみのない異国の食器がそれぞれ一列に並べられていた場合と比べて，両者が入り乱れて並べられていたときの方が，商品探索が増え，なじみのない異国の食器を選ぶ割合が増えると予想できるのではないだろうか。

　ただし，異国であればどれも同じというわけではない。異国情緒研究の視点からウォルター他の研究結果をとらえるなら，個々の消費者がもともと抱いている原産国イメージが関係してくる可能性があると言えるだろう。

　序章でも述べたように，異国情緒経験に関するマーケティングというと，観光マーケティングが思い浮かびやすいかもしれない。だが，外国由来であるがゆえの新奇性を備えた事物は，日常生活の中にも多々存在している。感覚依存型異国情緒経験の生起を日常生活場面で促すにあたっては，新奇性に関する研究から得られている知見と，原産国イメージに関する研究から得られている知見を，統合するようなマーケティング戦略が有効であろう。

6　刺激を知覚したときの初期印象がニュートラルあるいは若干肯定的であった場合に，その刺激に繰り返し接触すると好意度が増すという現象のことである。ザイアンス（Zajonc, 1968）によって提唱され，その後数多くの研究が行われている。

あとがきに替えて ―カステラと異国情緒マーケティング―

　ここでは，あとがきに替えて，異国らしさを認知されやすくするマーケティングというものを考えてみたい。具体的には，新奇性や不思議さをアピールすることや，歴史的・文化的背景を示すことなどを指すが（第4章および終章参照），以下では総称として「異国情緒マーケティング」という語を用いることとし，例としてカステラを取り上げる。

　現在，日本で暮らす消費者の中でカステラを知らないという人はほとんどいないだろう。だが，明治末期から大正初期にかけて北原白秋がカステラについて詩や散文を書いていたことを知る人は，それほど多くないのではないだろうか。

　そもそもカステラは16世紀中期に長崎に伝えられたと言われている[1]。1557年にポルトガル船で来港したバテレンが「かすていらなど」を人々に与えたと記してある文献が残っているという[2]。「カステラ」という名称はスペインのカスティーリャ王国（現在のスペイン）に由来するという説が有力のようである。だがなぜカスティーリャ王国なのか。カステラの歴史に関する江後（1995）の論考では，当時のイベリア半島ではスペインとポルトガルが併合・分離を繰り返しており，両者の区分がはっきりしていなかったと説明されている。

　白秋は異国情緒に富む数々の詩や歌を残しているが，白秋の作品の一つに「桐の花とカステラ」（1913b/1985a）と題する小歌論がある[3]。

　川本（2012）によれば，カステラは，南蛮趣味を持つ白秋の好物だったそうである。この小歌論の冒頭は，五月になり初夏らしさが漂い始める西洋料理店の情景を描いており，「桐の花とカステラの時季となった」（北原，

1　福砂屋のウェブサイトにおける「カステラづくりの心」のページを参照した。
2　福砂屋のウェブサイトにおける「カステラとはなんだろう？」のページを参照した。
3　本書で参照した『白秋全集　6』の後記（紅野，1985a）で「小歌論」として扱われているため，これに倣った。

1913a/1985a, p.6）という文章で始まる。

　私たちは五月あるいは初夏というと，さわやかな新緑を思い浮かべ，すが
すがしさや明るさを感じやすいのではないだろうか。だが白秋は違う。「吹
笛の哀音を思ひ出す」（同書, p.6）のである。そしてカステラの粉っぽい触
感に懐かしさを感じるという。「私の哀しい Nostalgia」（同書, p.8）という
ことばが用いられている箇所もある。

　当時は西洋のものを積極的に取り入れる動きがあったが，白秋の場合は，
九州旅行を経て明治期以前の西洋文化の導入に関心を持っていたため，単に
表面的な西洋イメージを表現したというわけではないと思われる（第1章参
照）。しかも白秋は哀感と懐かしさを感じているのであるから，白秋にとっ
てカステラやカステラから生じてくる連想には，快楽消費を生じる要因とし
ての詩的哀感と，異国らしさの認知を深化させる要因としての「ノスタルジ
アの喚起」（第4章参照）が，含まれていたことになる。そして美的価値認
識が生じていたと考えられる。つまり，情趣型の異国情緒経験（第3章参照）
を，白秋はカステラから得ていたと言えるだろう。しかも西洋料理店で供さ
れていたということであるから，異国情緒マーケティングの成功例だったの
かもしれない。

　カステラは，当時，カフエーパウリスタ（第5章参照）の人形町店（1913
＝大正2年開店）のメニューにも含まれていた（長谷川, 2008/2018）[4]。価
格は，ショートケーキ（十五銭）の三分の一，アップルパイ（十銭）の半分
であり，五銭となっている。当時のパウリスタのケーキの中では安いと言え
るだろう。また明治30年代にベストセラーになったと言われている『食道
楽』（村井（弦）, 1903-1904b/2005b; 第5章参照）には，自家製カステラ
や，カステラをアレンジした菓子の作り方が紹介されていた。

　しかし，一般向けの日常的な菓子として広まっていたわけではないようで
ある。1919年生まれ，長崎育ちの大谷（2009; 第1章参照）によれば，大
谷が子どもであったころ，カステラは贅沢な食べ物であり，立派な贈答品と

4　「スポンジケーキ（カステラ）　五銭」（長谷川, 2008/2018, p.139）と記載されている。
　このメニューには，珈琲（五銭），カレーライス（十五銭），カツレツ（パン付）（二十銭）
　等も記載されている。

して用いられていたということである。白秋の「桐の花とカステラ」が書かれた時代より下るが，多くの消費者にとっては，カステラは異国情緒を感じさせるものというより贅沢品という印象が強かったと推測できる。そうであるなら，多くの消費者に対しては，異国情緒マーケティングより，ラグジュアリー・ブランドのためのマーケティングの方が合っていたと考えられる。

　その後も，高級菓子であった時代がしばらく続いていたようだが，やがて日常的な菓子としてのイメージが定着していったと思われる。1960年代初頭に「カステラ一番　電話は二番　三時のおやつは文明堂」[5]というCMソングが放映されるようになったことも[6]，カステラが日常的な菓子になったことを示しているのではないだろうか[7]。

　現在でも贈答用の高級なカステラは存在する。父の日向け，母の日向け，敬老の日向け，といった行事に合わせた贈答用カステラもある。しかし，今日では多種多様な高級菓子が存在しているため，高級菓子や贈答用の菓子として傑出したポジションに位置づけられているとは言い難いのではないだろうか。高級レストランでもカステラは出されそうにない。現在のカステラの中には，異国らしいというイメージも，高級菓子というイメージも，さほど備わっていないものが多いのではないだろうか。

　だが，だからと言ってカステラが菓子の市場で特徴のあるポジションを失ったというわけではないだろう。仮に，カステラと，様々な和菓子や洋菓子のイメージの類似度を答えてもらうという調査を行ったら，カステラは他の多くの和菓子や洋菓子と似ているとは思われていないことが示されるのではないだろうか。そうであればカステラには独自のポジションがあると考えられる。

　江戸時代から続いている老舗では，カステラは，歴史があることや変わらぬ製法で作り続けられていることがセールス・ポイントとなっているようで

5　CMソングの引用に際し，株式会社文明堂よりご許可をいただいた。
6　文明堂のウェブサイトにおける「ライブラリー一覧」「文明堂CMギャラリー」のページを参照した。
7　もっとも，「カステラは一番，電話は二番」というフレーズは，これよりさらに遡る1935年に，電話帳の裏表紙に出されたということである（文明堂ウェブサイト「会社案内」「沿革」による）。

ある。歴史に関する説明と併せて，南蛮渡来の菓子であることもアピールされている。

　また，カステラをもとにして作られるカスドースという菓子は，カステラほど日常生活に浸透していないためか，今日でも異国らしさがかなり明確にアピールされている。例えば，平戸蔦屋のウェブサイトのカスドースに関するページには，「その製法は，江戸時代にポルトガル人の宣教師から伝えられたとされています」という説明が示され，南蛮渡来であることが前面に打ち出されている[8]。同じく平戸市にある湖月堂のウェブサイトのカスドースに関するページには，カスドースの原型は1550年頃に宣教師たちによってポルトガルから平戸に伝えられたということが記されている[9]。カスドースを知らなかった消費者でも，これらのウェブサイトを見れば異国らしさを認知することができるだろう。異国情緒マーケティングが活かされていると言えそうである。

　歴史のあるカステラ以外はどうだろうか。2009年には長崎県諫早市の老舗，菓秀苑森長から「生カステラ」なる商品が売り出され，人気を博した[10]。その後，他のメーカーからもこれと似たようなカステラが発売されるようになった。このタイプのカステラの販売においては，異国らしさがアピールされたのではなく，食感など，従来のカステラとの違いがアピールされることが多かったように思われる。

　近年は，「台湾カステラ」と呼ばれる菓子もしばしば目にするようになった。日本でも以前から台湾喫茶店にはあったと聞いているが，コンビニエンス・ストア等で日常的に見かけるものではなかった。台湾カステラは一見日本のカステラとは異なるが，台湾が日本の統治下に置かれていた時代に日本からもたらされた（菓秀苑森長，2021）と言われている[11]。つまり，もとも

8　平戸蔦屋のウェブサイトにおける「カスドースの元祖，蔦屋」のページを参照した。
9　湖月堂老舗のウェブサイトにおける「登録商標　カスドース」のページを参照した。なお，江戸時代に伝わったとする前述の平戸蔦屋のウェブサイトにも，カスドースはカステラより早く1550年以降の約20年の間に伝わったという説もあると記されている。
10　菓秀苑森長のウェブサイトにおける「半熟生カステラ／台湾カステラ」のページを参照した。なお，同サイトによれば，前身となる菓子が2000年に発売されて人気が出たものの，冷凍技術が未発達であったため，翌年に販売が中止されたということである。

とポルトガル人が持ってきたスペインの菓子であったものが日本風に形を変えながら定着し，それが台湾に持ち込まれ，さらに日本に持ち込まれ，広まっているのである。

　しかしコンビニエンス・ストア等で販売されている台湾カステラにそのような説明は添えられていない。台湾という名前がつけられているにもかかわらず，台湾スイーツとして売り出されているわけでもない[12]。ホイップクリーム入り，カスタードクリーム入り，つぶあんサンドなどもある。台湾らしい菓子というより，なじみの菓子をベースにした目新しい菓子の一種として売り出されていることが多いようである。こうした新種のカステラの出現によって，それまでカステラに関心を持っていなかった人々が新たな購買者層になる可能性がある。

　もし，台湾カステラの販売において異国らしさが明確にアピールされていたらどうだっただろうか[13]。日本の多くの消費者にとってなじみやすさが減る可能性はあるが，異国情緒が感じられやすい菓子になっていたかもしれない。そしてこの場合もまた，従来のカステラの購買者層とは異なる人々が新たな購買者層になる可能性があるだろう。

　このように，カステラとひとくちに言っても，異国情緒マーケティングが向いている場合と向いていない場合があるとわかる。このことはおそらく，カステラに限らず，外国由来の様々な商品について言えるだろう。その例として，ボタン，パン，コップ，カッパ（合羽）等をあげることができる。今日，コンビニエンス・ストアの菓子パンや 100 円ショップの雨合羽を見て異国情緒を感じるという人がいるとは考えにくい。外国由来の商品が異国らしさのアピールによって深い趣があると感じられるのはどのような場合かという問題について，商品を巡る歴史を紐解きつつ考えてみるのもおもしろいかもしれない。

11　菓秀苑森長のウェブサイトで公開されているプレスリリース「カステラの里帰り　台湾カステラ（定番）発売開始」（2021 年 4 月 21 日）を参照した。

12　台湾らしさを表現していると思われるパッケージに入っているものも少しはある。

13　近年は，本場で学んできたことを掲げる専門店も各地に開店しているようである。専門店の場合は，異国らしさをアピールしていると言えるかもしれない。

謝辞

　本書第1章の執筆にあたり，長崎孔子廟・中国歴代博物館元館長藩秀貴先生より博物館の沿革についてお教えいただきました。資料検索に際しては，日本交通公社「旅の図書館」の皆様に大変お世話になりました。また第2章の執筆にあたり，平戸市観光案内所の職員の方々より平戸市の観光案内資料についてお教えいただきました。本書で紹介した資料や広告の確認・掲載等に関しては，近海郵船株式会社，株式会社明治屋，株式会社文明堂，丸山旅館（千葉県香取市），JTBパブリッシングをはじめ，様々な企業・団体の方々にお世話になりました。深く感謝申し上げます。

　本書の大半は，成城大学から研修に出していただいた2021年度に書いたものです。成城大学の皆様と，この間の授業をご担当くださいました東洋大学人間科学総合研究所客員研究員大久保暢俊先生に心より御礼申し上げます。

　白桃書房大矢栄一郎社長には，本書の執筆にあたり，貴重な御意見を賜りました。また，刊行に際して大変お世話になりました。厚く御礼申し上げます。

　　　　2023年5月18日

　　　　　　　　　　　　　　　　　　　　　　　　　牧野　圭子

青田麻未（2020），『環境を批評する─英米系環境美学の展開』春風社.

赤井正二（2008），「旅行の近代化と「指導機関」─大正・昭和初期の雑誌『旅』から─」『立命館産業社会論集』（立命館大学産業社会学会）44（1），99-115.

芥川龍之介（1995），「大川の水」『大川の水・追憶・本所両国』講談社，pp.13-19.（初出 1912）

朝日新聞出版「司馬遼太郎　街道をゆく　公式ホームページ」（https://publications.asahi.com/kaidou/　2022 年 9 月 19 日最終アクセス）

朝日新聞 DIGITAL「フォトギャラリー」「山手線車両の歩み」（http://www.asahi.com/train/gallery/yamanotesen/14_s.html，2022 年 9 月 19 日最終アクセス）

阿部由美子（編）（2017），『ココミル　長崎　ハウステンボス』（九州②）JTB パブリッシング.

有島武郎（2013），『或る女』（改版）新潮社.（初版刊行 1919）

五十嵐聡美（1989），「桃山─南蛮との出会い」　北海道立函館美術館・神戸市立博物館（編）『神戸市立博物館所蔵名品展　南蛮・ハイカラ・異国趣味』北海道立函館美術館・北海道新聞函館支社（発行）.

池内裕美・藤原武弘（2004），「拡張自己の構造：日・西・米・中における普遍性の検討」『関西大学社会学部紀要』（関西大学社会学部）35（3），39-59.

池上岑夫（1992），「サウダーデ」池上岑夫・牛島信明・神吉敬三・金七紀男・小林一宏・フアン・ソペーニャ・浜田滋郎（監修）『スペイン・ポルトガルを知る事典』平凡社，pp.131-132.

池上嘉彦（2013），「訳者解説（1）」エーコ，ウンベルト（著），池上嘉彦（訳）『記号論Ⅰ』講談社，pp.289-332.（原本発行 1996，岩波書店）

石井　崇（1999），『郷愁の国から　ポルトガル放浪記』東京書籍.

五木寛之（1977），「アカシアの花の下で」五木寛之『風に吹かれて』集英社，pp.92-96.

五木寛之（1984），「アカシアの降る街で」五木寛之『異国の街角で』集英社，pp.35-52.（初出 1967「リスボンの夏」改題）

今村忠純（1984），「解説」五木寛之『異国の街角で』集英社，pp.207-215.

岩崎均史（1996），「阿蘭陀趣味─庶民への広がり─」たばこと塩の博物館（編）『特別展　阿蘭陀趣味～鎖国下のエキゾチシズム～』たばこと塩の博物館（発行），pp.9-15.

ヴァン＝マーネン，マックス（著），村井尚子（訳）（2011），『生きられた経験の探究─人間科学がひらく感受性豊かな〈教育〉の世界』ゆみる出版.（van Manen, Max (1997), *Researching Lived Experience* (2nd ed.), The University of Western Ontario. Original work published 1990）

上村　博（2018），「異国趣味、異性装、作品経験」『京都造形芸術大学紀要』（京都造形芸術大学）22，47-56.

ANA（2015 年 12 月 3 日），ANA Travel & Life「千と千尋の世界へ！　台湾、九份を訪れるなら夕暮れどきがベストタイム」（https://www.ana.co.jp/travelandlife/article/000202/2022 年 9 月 19 日最終アクセス）

江後迪子（1995），「文献からひもとくカステラの歴史」粟津則雄・山内 昶・安野眞幸ほか（著），福砂屋（企画・制作）『カステラ文化誌全書』平凡社, pp.226-228.

大谷利彦（2009），『異国往来 長崎情趣集』私家版.

太田正雄（1981），「異国情調」野田宇太郎・三輪福松・澤柳大五郎・河合正一・新田義之（編纂）『木下杢太郎全集』（第一巻）岩波書店, pp.149-168.（初出 1910）

大平具彦（2008），「エキゾチシズムと観光」石森秀三（編著）『大交流時代における観光創造』（北海道大学大学院メディア・コミュニケーション研究院研究叢書）70, 195-210.

奥山儀八郎（1991），「カフェー・パウリスタ」清水哲男（編）『日本の名随筆 別巻 3 珈琲』作品社, pp.79-86.（初出 1973）

尾崎彰宏（2021），『静物画のスペクタクル オランダ美術にみる鑑賞者・物質性・脱領域』三元社.

小田部胤久（2019），「〈（実践的）無関心と（美的）関与：〈美の無関心性説〉再考」『美学藝術学研究』（東京大学大学院人文社会系研究科・文学部美学芸術学研究室）38, 119-141.

小野佐世男（1953），「エキゾチックな港町―佐世男、佐世保へゆく―」『旅』8 月号, 89-91.

菓秀苑森長（2021 年 4 月 21 日），プレスリリース「カステラの里帰り 台湾カステラ（定番）発売開始」

（https://www.value-press.com/pressrelease/269230 2022 年 9 月 19 日最終アクセス）

菓秀苑森長「半熟生カステラ／台湾カステラ」

（https://kashuen-moricho.co.jp/namacastella/2022 年 9 月 19 日最終アクセス）

葛飾区総務部総務課「葛飾区史 第 4 章 現代へのあゆみ 第 1 節 戦後の葛飾」（https://www.city.katsushika.lg.jp/history/history/4-1-9-224-1.html 2022 年 9 月 19 日最終アクセス）

葛飾区総務部総務課「子ども葛飾区史 第 2 章 葛飾区の歴史 第 10 節 平成時代」（https://www.city.katsushika.lg.jp/history/child/2-10-4-108.html, 2022 年 9 月 19 日最終アクセス）

勝部悠人（2017），「街では異文化が交差して 魅惑のエキゾチック体験」（⑦シンガポール＆マカオ）『日遊協』（日本遊技機関連事業協会広報誌）5 月号, 24-29.

勝本清一郎（1991），「カフェー」清水哲男（編）『日本の名随筆 別巻 3 珈琲』作品社, pp.87-92.（初出 1980）

加藤周一（2009），「木下杢太郎の方法」『加藤周一 自選集 1 1937-1954』岩波書店, 195-211.（初出 1949「木下杢太郎の方法について」改題）

河添房江（2014a），『唐物の文化史―舶来品からみた日本』岩波書店.

河添房江（2014b），「平安物語の唐物をめぐる文化史―『源氏物語』と『うつほ物語』の比較から―」『専修大学人文科学研究所月報』（専修大学人文科学研究所）, 272, 1-10.

川畑秀明（2019），「脳活動データから見る美と醜―ニューロイメージング」三浦佳世・河原純一郎（編）『美しさと魅力の心理』ミネルヴァ書房, pp.68-69.

河村政敏（1973），「木下杢太郎集」河村政敏・石丸久・乙骨明夫・角田敏郎・安藤靖彦（注釈）『日本近代文学大系 第 54 巻 近代詩集Ⅱ』角川書店, pp.38-81.

川本三郎（2012），『白秋望景』新書館.

河盛好蔵（1968a），「木下杢太郎・人と作品」 木下杢太郎・山村暮鳥・日夏耿之介（著），河盛好蔵・山室 静・矢野峰人・関川左木夫（編）『日本詩人全集 13 木下杢太郎 山村暮鳥 日夏耿之介』新潮社, pp.19-24.

河盛好蔵（1968b），「解説」 木下杢太郎・山村暮鳥・日夏耿之介（著），河盛好蔵・山室 静・矢野峰人・関川左木夫（編）『日本詩人全集 13 木下杢太郎 山村暮鳥 日夏耿之介』新潮社, pp.103-109.

カント（著），篠田英雄（訳）(1964)，『判断力批判』（上）岩波書店．(Kant, Immanuel (1790), *Kritik der Urteilskraft, Kritik der ästhetischen Urteilskraft*)

北原白秋 (1910)，「銀座花壇」『文章世界』5 (8), 61.

北原白秋 (1912)，「昼の思」『朱欒』2 (12), 49-59.

北原白秋 (1913a)，「銀座花壇」『東京景物詩　及その他』東雲堂書店, pp.107-110.（国会図書館デジタルコレクション）
（https://dl.ndl.go.jp/info:ndljp/pid/947478/111?tocOpened=1　2022 年 9 月 19 日最終アクセス）（初出 1910）

北原白秋 (1985a)，「桐の花とカステラ」北原白秋（著）・紅野敏郎（編）『白秋全集 6』, 岩波書店, pp.5-11.（初出 1913b）

北原白秋 (1985b)，「雪と花火余言　東京景物詩改題に就て」北原白秋（著），紅野敏郎（編）『白秋全集 3』, 岩波書店, pp.202-210.（初出 1916）

木下　誠 (1995)，「訳者解説」セガレン，ヴィクトル（著），木下　誠（訳）(1995)，『〈エグゾティスム〉に関する試論／羇旅』現代企画室, pp.319-351.

木下杢太郎 (1910)，「珈琲」『三田文學』1 (3), 155-156.

キリンホールディングス　キリン歴史ミュージアム「酒・飲料の歴史」「コラム」「1911 年「カフェー・プランタン」開店、「女給」という言葉が誕生」
（https://museum.kirinholdings.com/history/column/bd051_1911.html　2022 年 9 月 19 日最終アクセス）

ギルモア，ジェームズ　H・B．ジョセフ　パイン II（著），林　正（訳）(2009)，『ほんもの』東洋経済新報社．(Gilmore, James H. and B. Joseph Pine II (2007), *Authenticity: What Consumers Really Want,* Boston, MA: Harvard Business School Press)

近畿日本ツーリスト「サイト内検索」「キーワード　異国情緒」
（https://officialwebsearch.knt.co.jp/?ie=u&page=2&kw=%E7%95%B0%E5%9B%BD%E6%83%85%E7%B7%92&domain=&ref=https%3A%2F%2Fwww.knt.co.jp%2Fholiday%2Fmatome%2F%3Far%3Dchushi&st=__--AND--__&rid=1396756939853811&cpn=10&cat_1=all&guide=0　2022 年 9 月 19 日最終アクセス）

久保田万太郎 (1976)，「よしや　わざくれ」里見　弴・高橋誠一郎・小泉信三（監修）『久保田万太郎全集』（第十二巻）中央公論社, pp.82-117.（初出 1950）

黒岩比佐子 (2005)，「解説 1　忘れられた明治の啓蒙小説家」村井弦斎『食道楽』（上）, 岩波書店, pp.577-589.

桑島秀樹 (2019)，「《群馬・渋川金島のみち—火山・河岸段丘・製鉄の風土》の歴史風景論—司馬遼太郎『街道をゆく』に基づく「感性哲学」の応用実践として—」『広島大学大学院総合科学研究科紀要．I　人間科学研究』（広島大学大学院総合科学研究科）14, 47-69.

小泉　和 (1958)，「叙景歌における「遠さ」について」『美学』34, 53-63.

紅野敏郎 (1985a)，「後記」北原白秋（著）・紅野敏郎（編）『白秋全集 6』, 岩波書店, pp.423-464.

紅野敏郎 (1985b)，「後記」北原白秋（著）・紅野敏郎（編）『白秋全集 3』岩波書店, pp.621-661.

湖月堂老舗「登録商標　カスドース」
（https://casdoce.com/casdoce/2022 年 9 月 19 日最終アクセス）

小林幸夫 (2013)，「珈琲」林廣親・有光隆司・小林幸夫・松村友視（『スバル』研究会）『木下杢太郎『食後の唄』注釈・作品論 (8)』（成蹊大学一般研究報告　第四十七巻　第四分冊）, pp.1-7.

小林　茂（編）（2020），『るるぶ　情報版　B17 ポルトガル』JTB パブリッシング．

小林信之（2019），「エポケーと無関心性」*Philosophia*（早稲田大学哲学会）106, 1-17.

小林信之（2021a），「カントにおける目的なき合目的性について」『早稲田大学大学院文学研究科紀要』（早稲田大学大学院文学研究科）66, 13-24.

小林信之（2021b），「感覚の共有可能性と個別性―カント『判断力批判』再考―」『美学』259, 1-11.

佐々木健一（1995），『美学辞典』東京大学出版会．

サッポロライオン　「会社案内」「サッポロライオン　沿革」
（https://www.ginzalion.jp/company/history/　2022 年 9 月 19 日最終アクセス）

佐藤留実（2013），「異国趣味への憧れ―更紗に熱狂した江戸時代」『なごみ』34（10），14-17. 淡交社．

ジェイアール東日本企画総務局広報部（2013）「jeki NEWS」「『みどりの山手線ラッピングトレイン』に車体広告が初登場！！」
（https://www.jeki.co.jp/info/files/upload/20140404/130130.pdf，2022 年 9 月 19 日最終アクセス）

重野　純（2012），「五感（官）」重野　純（編）『キーワードコレクション　心理学　改訂版』新曜社，pp.64-69.

芝田征司（2013），「自然環境の心理学―自然への選好と心理的つながり，自然による回復効果―」『環境心理学研究』1（1），38-45.

司馬遼太郎（2009），「ポルトガル・人と海」『南蛮のみち II』（街道をゆく 23）朝日新聞出版，pp.113-261.（初出 1983）

清水哲男（編）（1991），『日本の名随筆　別巻 3　珈琲』作品社．

下川裕治（著）・阿部稔哉（写真）（2015），『週末香港・マカオでちょっとエキゾチック』朝日新聞出版．

小学館国語辞典編集部（編）（2006），『精選版　日本国語大辞典』（第三巻）小学館．

JAL ブランドコミュニケーション（2019），*SKYWARD*, 12 月号，日本航空株式会社．

新村　出（1928），『異国情趣集』更生閣書店．

新村　出（編）（2018），『広辞苑』（第七版）岩波書店．

菅原　潤（2016），『旅する木下杢太郎／太田正雄―グローバル時代の二足の草鞋―』晃洋書房．

杉本徹雄（2012），「消費者行動への心理学的接近」杉本徹雄（編著）『新・消費者理解のための心理学』福村出版，pp.26-38.

鈴木和宏（2020），「新たなブランド価値構造とブランド・インキュベーション」和田充夫・梅田悦史・圓丸哲麻・鈴木和宏・西原彰宏『ブランド・インキュベーション戦略―第三の力を活かしたブランド価値協創　ブランドは，こうして生まれ育っていた』有斐閣，pp.99-128.

セガレン，ヴィクトル（著），木下　誠（訳）（1995），『〈エグゾティスム〉に関する試論／羇旅』現代企画室．(Segalen, Victor（1904-1918），*Essai sur L'exotisme*）

全日本コーヒー商工組合連合会・日本コーヒー史編集委員会（編）（1980），『日本コーヒー史』（上巻）全日本コーヒー商工組合連合会発行．

タウト，ブルーノ（著），篠田英雄（改訳）（1962），『日本美の再発見』（増補改訳版）岩波書店．（初版刊行 1939）

高井尚之（2018 年 8 月 31 日），「東洋経済新報社　東洋経済 ONLINE」「銀座が「カフェの聖地」として別格である理由　「名店」も「女給」人気も，ここから始まった」
（https://toyokeizai.net/articles/-/234850　2022 年 9 月 19 日最終アクセス）

TAC 出版編集部 (2016), 『おとな旅プレミアム　長崎　ハウステンボス・五島列島』(初版) TAC 出版.

丹野　郁 (1995),「時代の最先端、南蛮ファッション」粟津則雄・山内昶・安野眞幸ほか (著)・福砂屋 (企画・制作)『カステラ文化誌全書』平凡社, 137-139.

中央区教育委員会 (2014),「メイゾン鴻乃巣創業の地」教育委員会説明板.

津上英輔 (2010), 『あじわいの構造　感性化時代の美学』春秋社.

津上英輔 (2023), 『美学の練習』春秋社.

寺﨑新一郎 (2021), 『多文化社会の消費者認知構造　グローバル化とカントリー・バイアス』早稲田大学出版部.

電通 abic project (編), 和田充夫・菅野佐織・徳山美津恵・長尾雅信・若林宏保 (著) (2009), 『地域ブランド・マネジメント』有斐閣.

利光　功 (1985),「美的範疇としてのピクチャレスク」『美学』36 (2), 1-12.

戸塚文子 (1959),「天草は異国の香り」『旅』2 月号, グラビアページ.

富山県地方創生局観光振興室・公益社団法人とやま観光推進機構「VISIT 富山県」「特集」「TOYAMA STYLE」「日本のベニス『内川エリア』の 6 つの楽しみ方。」(https://toyama.visit-town.com/toyamastyle/uchikawa　2022 年 9 月 19 日最終アクセス)

外山高一 (1935),「ブダペシュトの秋調」『旅』9 月号, 31-32.

外山滋比古 (2010), 『異本論』筑摩書房.

豊島舜吉 (1935a),「のんきな台湾情趣」『旅』10 月号, 100.

豊島舜吉 (1935b),「台湾の横顔」『旅』11 月号, 10-11.

豊田四郎 (1955),「九州西海岸の異国情緒」『旅』12 月号, 25.

中川清生 (2018),「「異国趣味展」について」角屋保存会事務局『角屋だより』第 100 号, 1.

長崎県広報課 (編) (2018), 『ながさき「にこり」』第 41 号, 1-2. (https://www.pref.nagasaki.jp/object/koho-object/kennohakkobutsu/368774.html　2022 年 9 月 19 日最終アクセス)

中村真一郎 (1998), 『わが心の詩人たち―蕪村・白秋・朔太郎・達治』潮出版社.

日本交通公社　社史編纂室 (1982), 『日本交通公社七十年史』日本交通公社 (発行).

日本国語大辞典第二版編集委員会・小学館国語辞典編集部 (編) (2000), 『日本国語大辞典』(第二版、第一巻) 小学館.

日本国有鉄道 (1984), 『『国鉄の現状』1983』日本国有鉄道 (発行).

日本マーケティング協会 (2020), 『マーケティングホライズン』Vol. 1 (通巻 738 号)「美意識　新たな視点をもたらす感性」.

野田宇太郎 (著), 林　廣親 (解説), 吉田精一 (監修) (1984), 『パンの会　近代文芸青春史研究』(近代作家研究叢書 33) 日本図書センター. (初版刊行 六興出版社 1949)

バウムガルテン, アレクサンダー G. (著), 松尾　大 (訳) (2016), 『美学』講談社. (Baumgarten, Alexander G. (1750/ 1758), *Aestheica*, Frankfurt an der Oder)

箱田裕司 (2010),「カテゴリー化」箱田裕司・都築誉史・川畑秀明・萩原　滋『認知心理学』有斐閣, pp.165-187.

長谷川泰三 (2018), 『日本で最初の喫茶店「ブラジル移民の父」がはじめた―カフエーパウリスタ物語』(改訂版) 文園社. (初版刊行 2008)

浜田滋郎 (1992),「ファド」池上岑夫・牛島信明・神吉敬三・金七紀男・小林一宏・フアン・ソペーニャ・浜田滋郎 (監修)『スペイン・ポルトガルを知る事典』平凡社, pp.284-285.

ハンウィック, ヘザー・デランシー (著), 伊藤綺 (訳) (2015), 『お菓子の図書館　ドーナツの歴史物語』原書房. (Hunwick, Heather D. (2015), *Doughnut: A Global History,* London, UK: Reaktion Books)

東日本旅客鉄道株式会社 (2012), 「「みどりの山手線ラッピングトレイン」を運行します」（https://www.jreast.co.jp/press/2012/20121214.pdf, 2022 年 9 月 19 日最終アクセス）

久谷正夫 (編集・発行) (1963), 『長崎というところ』長崎市観光協会 (発行所).

久谷正夫 (編集・発行) (1966), 『長崎というところ』(増補再版) 長崎市観光協会 (発行所). (初版刊行 1963)

平戸観光協会「アクセス」「松浦鉄道たびら平戸口駅 (日本最西端の駅)」（https://www.hirado-net.com/access/traffic09/ 2022 年 9 月 19 日最終アクセス）

平戸市役所観光課 (作成・発行) (2013), 「HIRADO GUIDE MAP 歴史とロマンの島」, 平戸観光協会「アクセス」「平戸市内アクセス MAP」（https://www.hirado-net.com/access/ 2022 年 9 月 19 日最終アクセス）

平戸蔦屋「カスドースの元祖、蔦屋。」（https://www.hirado-tsutaya.jp/kasdouce/ 2022 年 9 月 19 日最終アクセス）

平野威馬雄 (1983), 「パウリスタとオイローパとプランタン―ソーダ水／話し残りのあるような―」『銀座物語―街角のうた―』日本コンサルタント・グループ, pp.65-92.

廣井友一 (編) (2017), 『タビトモ　マカオ』JTB パブリッシング.

福砂屋「カステラづくりの心」（https://www.fukusaya.co.jp/castella/history.html?stamp=1642747245156 2022 年 9 月 19 日最終アクセス）

福砂屋「カステラとはなんだろう？」（https://www.fukusaya.co.jp/whatis/index.html?stamp=1642746500123 2022 年 9 月 19 日最終アクセス）

福間恵子 (2021), 『ポルトガル、西の果てまで』共和国.

藤浦洸 (1959), 「異国情緒につかる平戸―わが故郷を語る―」『旅』2 月号, 33-35.

ブラウン, ポーリーン (著), 山口周 (監訳) (2021), 『ハーバードの美意識を磨く授業』三笠書房. (Brown, Pauline (2019), *Aesthetic Intelligence: How to Boost It and Use It in Business and Beyond,* New York, NY: HarperCollins Publishers)

文明堂「会社案内」「沿革」（https://www.bunmeido.co.jp/abouts/ 2023 年 1 月 10 日最終アクセス）

文明堂「ライブラリー一覧」「文明堂 CM ギャラリー」（https://www.bunmeido.co.jp/user_data/library_cm 2022 年 9 月 19 日最終アクセス）

ペソア, フェルナンド (著), 近藤紀子 (訳) (1999), 『ペソアと歩くリスボン―ポルトガル文学叢書⑨』彩流社. (Pessoa, Fernando (1992), *Lisboa: O que o Turista Deve Ver/ What the Tourist Should See,* Lisboa: Livros Horizonte)

ペソア, フェルナンド (著), 高橋都彦 (訳) (2019), 『不安の書』(増補版) 彩流社. (Pessoa, Fernando (António Quadros, Org.) (1986), *Fernando Pessoa Obra Poética e em Prosa, vol. II.* Porto: Lello & Irmão)

ベルジュ, アンドレ (編著), 平野威馬雄 (訳) (1943), 『異国情趣』昭森社.

堀内圭子 (2006), 「消費者の「広告経験」と文化」真鍋一史 (編著) 『広告の文化論―その知的関心への誘い』日経広告研究所 (発行), pp.23-42.

牧野圭子 (1996), 「消費における「意味」問題」『年報社会学論集』, 9, 141-150.

牧野圭子 (2014), 「消費者行動研究からみたノスタルジア」日本心理学会 (監修), 楠見孝 (編) 『なつかしさの心理学―思い出と感情』誠信書房, pp.41-65.

牧野圭子 (2015),『消費の美学　消費者の感性とは何か』勁草書房.

牧野圭子 (2019a),『日常生活の中の趣―情趣に関する消費の美学―』晃洋書房.

牧野圭子 (2019b),「異国情緒を感じるという経験―新実験美学に基づく説明の試み―」美学会東部会例会（全国大会振替）発表（『美学』70 (2), 141 発表要旨掲載).

牧野圭子 (2022),『情景と詩的哀感―情趣としてのもの悲しさとは―』晃洋書房.

牧野圭子 (2023),「快楽消費」恩藏直人・坂下玄哲（編）『マーケティングの力―最重要概念・理論枠組み集』有斐閣, pp.132-134.

マズロー, A. H.（著）, 小口忠彦（訳）(1987),『人間性の心理学』（改訂新版）産業能率大学出版会. (Maslow, Abraham, H. (1970), *Motivation and Personality* (2nd ed.), Harper & Row, Publishers, Inc. Original work published 1954)

松村　明（監修）, 小学館『大辞泉』編集部（編）(1995),『大辞泉』小学館.

三浦俊彦 (2011),「地域ブランド論の革新―地域ブランドの新たな理論的・戦略的創造へ向けて―」地域ブランド・戦略研究推進協議会（監修）, 原田　保・三浦俊彦（編）『地域ブランドのコンテクストデザイン』同文舘出版, pp.257-263.

宮田重雄 (1960),「長崎と川奈にある西欧的な画材」『旅』4 月号, 44-45.

無名氏 (1911), "Au Café Printemps,"『三田文學』2 (6), 63-65.

村井弦齋 (2005a),『食道楽』（上）岩波書店.（原本発行 1903-1904a）

村井弦齋 (2005b),『食道楽』（下）岩波書店.（原本発行 1903-1904b）

邑本俊亮 (2013),「概念とカテゴリー」日本認知心理学会（編）『認知心理学ハンドブック』有斐閣, pp.134-135.

明治屋東京支店 (1911),「夏季　御進物御家庭用　飲食品定価表」『嗜好』4 (7), 付録.

本居宣長（著）, 西郷信綱（訳）(1970),「源氏物語玉の小櫛（抄）」石川　淳（責任編集）『日本の名著』(21), 中央公論社, pp.371-461.（1796 成立）

森　正人 (2010),『昭和旅行誌―雑誌『旅』を読む』中央公論新社.

山本嘉次郎 (1972),「カツドウヤ紳士録」山本嘉次郎『カツドウヤ自他伝』昭文社出版部, pp.23-178.（初出 1951）

吉沢典男・石綿敏雄 (1979),『外来語の語源』角川書店.

livedoor NEWS (2019 年 8 月 23 日),「ニューストップ」「ライフ総合」「京都そっくり　欧州・コソボの木造建築が並ぶ街並みに驚き」
（https://news.livedoor.com/article/detail/16972343/2022 年 9 月 19 日最終アクセス）

羅針編集部 (2017),『マレーシア　ペナン　エキゾチックな港町めぐり　ジョージタウン　ノスタルジー紀行』イカロス出版.

劉　寒吉 (1956),「―対馬の港町―厳原の異国情緒」『旅』10 月号, 47.

レイコフ, ジョージ・マーク　ジョンソン（著）, 計見一雄（訳）(2004),『肉中の哲学　肉体を具有したマインドが西洋の思考に挑戦する』哲学書房. (Lakoff, George, and Mark Johnson (1999), *Philosophy in the Fresh: The Embodied Mind and Its Challenge to Western Thought.* New York, NY: Basic Books)

Alba, Joseph W. and Elanor F. Williams (2013), "Pleasure Principles: A Review of Research on Hedonic Consumption," *Journal of Consumer Psychology,* 23 (1), 2-18.

Armstrong, Thomas and Brian Detweiler-Bedell (2008), "Beauty as an Emotion: The Exhilarating Prospect of Mastering a Challenging World," *Review of General Psychology,* 12 (4), 305-329.

Barsalou, Lawrence W. (1985), "Ideals, Central Tendency, and Frequency of Instantiation as Determinants of Graded Structure in Categories," *Journal of Experimental Psychology: Learning, Memory, and Cognition,* 11 (4), 629-654.

Belk, Russell W. (1987), "Identity and the Relevance of Market, Personal, and Community Objects," in *Marketing and Semiotics*, ed. Jean Umiker-Sebeok, Berlin: Walter de Gruyter & Co., pp.151-164.

Belk, Russell W. (1989), "Materialism and the Modern U. S. Christmas," in *Interpretive Consumer Research*, ed. Elizabeth C. Hirschman, Provo, UT: Association for Consumer Research, pp.115-135.

Berge, Fr. and A. Berge (rédacteurs en chef) (1924), *Exotismes*, Paris, France: Les Presses Universitaires.

Berlyne, D. E. (1971), *Aesthetics and Psychobiology*, New York, NY: Meredith Corporation.

Berlyne, D. E. (1974), *Studies in the New Experimental Aesthetics: Steps toward an Objective Psychology of Aesthetic Appreciation*, Washington, D. C.: Hemisphere Publishing Corporation.

Borgerson, Janet and Jonathan Schroeder (2006), "Soundtrack to Paradise: Sonic Branding in the South Pacific," in *European Advances in Consumer Research*, Vol. 7, ed. Karin M. Ekstrom and Helene Brembeck, Goteborg, Sweden: Association for Consumer Research, pp.498-501.

Carlson, Allen (2009), *Nature and Landscape: An Introduction to Environmental Aesthetics*, NY: Columbia University Press.

Carroll, Glenn R. and Dennis R. Wheaton (2019), "Donn, Vic and Tiki Bar Authenticity," *Consumption Markets & Culture*, 22 (2), 157-182.

Cayla, Julien and Giana M. Eckhardt (2008), "Asian Brands and the Shaping of a Transnational Imagined Community," *Journal of Consumer Research*, 35 (2), 216-230.

Cela-Conde, Camilo J., Gisèle Marty, Fernando Maestú, Tomás Ortiz, Enric Munar, Alberto Fernández, Miquel Roca, Jaume Rosselló, and Felipe Quesney (2004), "Activation of the Prefrontal Cortex in the Human Visual aesthetic Perception," *Proceedings of the National Academy of Sciences*, 101 (16), 6321-6325.

Centre National de la Recherche Scientifique, Institut de la Langue Française (1980), *Trésor de la Langue Française: Dictionnaire de la Langue du XIXe et du XXe Siècle (1789-1960)* (Tome Huitième), Paris: Éditions du Centre National de la Recherche Scientifique.

Charters, Steve (2006), "Aesthetic Products and Aesthetic Consumption: A Review," *Consumption Markets & Culture*, 9 (3), 235-255.

Clarkson, Joshua J., Chris Janiszewski, and Melissa D. Cinelli (2013), "The Desire for Consumption Knowledge," *Journal of Consumer Research*, 39 (6), 1313-1329.

Dholakia, Nikhilesh (2005), "Poetry," *Consumption Markets & Culture*, 8 (2), 183-189.

Dutton, Denis (2003), "Authenticity in Art," in *The Oxford Handbook of Aesthetics*, ed. Jerrold Levinson, Oxford, UK: Oxford University Press, pp.258-274.

Eerola, Tuomas and Jonna K. Vuoskoski (2011), "A Comparison of the Discrete and Dimensional Models of Emotion in Music," *Psychology of Music*, 39 (1), 18-49.

Emontspool, Julie and Carina Georgi (2017), "A Cosmopolitan Return to Nature: How Combining Aesthetization and Molarization Processes Expresses Distinction in Food Consumption," *Consumption Markets & Culture*, 20 (4), 306-328.

Falkof, Nicky (2022), "Consuming Africa: Safari Aesthetics in the Johannesburg Beauty Industry," *Consumption Markets & Culture*, 25 (1), 21-33.

Florida Tourism Industry Marketing Corporation, "VISIT FLORIDA" (https://www.visitflorida.com/places-to-go/southeast/fort-lauderdale/ 2022 年 9 月 19 日最終アクセス)

Fonseca, Vanessa (2005), "Nuevo Latino: Rebranding Latin American Cuisine," *Consumption Markets & Culture*, 8 (2), 95-130.

Förster, Jens, Ronald S. Friedman, and Nira Liberman (2004), "Temporal Construal Effects on Abstract and Concrete Thinking: Consequences for Insight and Creative Cognition," *Journal of Personality and Social Psychology*, 87 (2), 177-189.

Ger, Güliz and Fabian F. Csaba (2000), "Flying Carpets: The Production and Consumption of Tradition and Mystique," in *Advances in Consumer Research*, Vol. 27, ed. Stephen J. Hoch and Robert J. Meyer, Provo, UT: Association for Consumer Research, pp.132-137.

Gilpin, William (2001), "Three Essays: On Picturesque Beauty; On Picturesque Travel; and on Sketching Landscape" (3rd ed., reproduced), in *Aesthetics and the picturesque 1795-1840*, Vol. 1, ed. Gavin Budge, Bristol, U.K.: Thoemmes Press, 1-183. (3rd edition published 1808. Original work published 1792).

Hankinson, Graham (2010), "Place Branding Theory: A Cross-Domain Literature Review from a Marketing Perspective," in *Towards Effective Place Brand Management: Branding European Cities and Regions*, ed. Gregory Ashworth and Mihalis Kavaratzis, Cheltenham, UK: Edward Elgar Publishing, pp.15-35.

Hanks, Patrick (Ed.) (1979), *Collins Dictionary of the English Language*, London & Glasgow: William Collins Sons & Co. Ltd.

Havlena, William J. and Susan L. Holak (1996), "Exploring Nostalgia Imagery Through the Use of Consumer Collages," in *Advances in Consumer Research*, Vol. 23, ed. Kim P. Corfman and John G. Lynch Jr., Provo, UT: Association for Consumer Research, pp.35-42.

Hirschman, Elizabeth C. (1980), "Attributes of Attributes and Layers of Meaning," in *Advances in Consumer Research*, Vol. 7, ed. Jerry C. Olson, Ann Arbor, MI: Association for Consumer Research, pp.7-12.

Hirschman, Elizabeth C. (1987), "Movies as Myths: An Interpretation of Motion Picture Mythology," in *Marketing and Semiotics*, ed. Jean Umiker-Sebeok, Berlin: Walter de Gruyter & Co., pp.335-373.

Hirschman, Elizabeth C. (Ed.) (1989), *Interpretive Consumer Research*, Provo, UT: Association for Consumer Research.

Hirschman, Elizabeth C. and Morris B. Holbrook (1982), "Hedonic Consumption: Emerging Concepts, Methods, and Propositions," *Journal of Marketing*, 46 (3), 92-101.

Holbrook, Morris B. (1980), "Some Preliminary Notes on Research in Consumer Esthetics," in *Advances in Consumer Research*, Vol. 7, ed. Jerry C. Olson, Ann Arbor, MI: Association for Consumer Research, pp.104-108.

Holbrook, Morris B. (1987), "The Study of Signs in Consumer Esthetics: An Egocentric Review," in *Marketing and Semiotics*, ed. Jean Umiker-Sebeok, Berlin: Walter de Gruyter & Co., pp.73-121.

Holbrook, Morris B. (1990), "The Role of Lyricism in Research on Consumer Emotions: Skylark, Have You Anything to Say to Me?," in *Advances in Consumer Research*, 17, ed. Marvin E. Goldberg, Gerald Gorn, and Richard W. Pollay, Provo, UT: Association for Consumer Research, pp.1-18.

Holbrook, Morris B. (1995), *Consumer Research: Introspective Essays on the Study of Consumption.* Thousand Oaks, CA: Sage Publications, Inc.

Holbrook, Morris B. (1999), "Introduction to Consumer Value," in *Consumer Value: A Framework for Analysis and Research,* ed. Morris B. Holbrook, London and New York, NY: Routledge, pp.1-28.

Holbrook, Morris B., Stephen Bell, and Mark W. Grayson (1989), "The Role of the Humanities in Consumer Research: Close Encounters and Coastal Disturbances," in Interpretive Consumer Research, ed. Elizabeth C. Hirschman, Provo, UT: Association for Consumer Research, pp.29-47.

Holbrook, Morris B. and Mark W. Grayson (1986), "The Semiology of Cinematic Consumption: Symbolic Consumer Behavior in Out of Africa," Journal of Consumer Research, 13 (3), 374-381.

Holbrook, Morris B. and Elizabeth C. Hirschman (1982), "The Experiential Aspects of Consumption: Consumer Fantasies, Feelings, and Fun," *Journal of Consumer Research,* 9 (2), 132-140.

Holbrook, Morris B. and Joel Huber (1979), "Separating Perceptual Dimensions from Affective Overtones: An Application to Consumer Aesthetics," *Journal of Consumer Research,* 5 (4), 272-283.

Holbrook, Morris B. and Robert B. Zirlin (1985), "Artistic Creation, Artworks, and Aesthetic Appreciation: Some Philosophical Contributions to Nonprofit Marketing," in *Advances in Nonprofit Marketing,* ed. Russell W. Belk, Greenwich, CT: JAI Press, Inc., pp.1-54.

Hospers, John (1946), *Meaning and Truth in the Arts,* Charpel Hill, NC: The University of North Carolina Press.

Hoyer, Wayne D., Deborah J. MacInnis, and Rik Pieters (2018), *Consumer Behavior* (7th ed.), Boston, MA: Cengage Learning.

Ikemi, Masatake (2005), "The Effects of Mystery on Preference for Residential Façades," *Journal of Environmental Psychology,* 25, 167-73.

Joiner, Christopher (2007), "Brands as Categories: Graded Structure and Its Determinants," in *Advances in Consumer Research,* Vol. 34, ed. Gavan Fitzsimons and Vicki Morwitz, Dulth, MN: Association for Consumer Research, pp.500-506.

Kagan, Jerome (2009), "Categories of Novelty and States of Uncertainty," *Review of General Psychology,* 13 (4), 290-301.

Kaplan, Stephan and Rachel Kaplan (1981), *Cognition and Environment: Functioning in an Uncertain World,* An Arbor. MI: Ulrich's Bookstore.

Karababa, Eminegül and Güliz Ger (2011), "Early Modern Ottoman Coffeehouse Culture and the Formation of the Consumer Subject," *Journal of Consumer Research,* 37 (5), 737-760.

Kenyon, Alexandra J., Emma H. Wood, and Anthony Parsons (2008), "Exploring the Audience's Role: A Decoding Model for the 21st Century," *Journal of Advertising Research,"* 48 (2), 276-286.

Lastvicka, John L., and Karen V. Fernandez (2005), "Three Paths to Disposition: The Movement of Meaningful Possessions to Strangers," *Journal of Consumer Research,* 31 (4), 813-823.

Lee, Angela Y. and Kathleen D. Vohs (2016), "Introduction to Special Issue on the Science of Hedonistic Consumption," *Journal of the Association for Consumer Research,* 1 (4), 477-78.

Lin, Emilie L. and Gregory L. Murphy (2001), "Thematic Relations in Adults' Concepts," *Journal of Experimental Psychology: General,* 130 (1), 3-28.

McCracken, Grant (1987), "Advertising: Meaning or Information?," in *Advances in Consumer Research,* 14, ed. Melanie Wallendorf and Paul Anderson, Provo, UT: Association for Consumer Research, pp.121-124.

Medin, Douglas L. and Marguerite M. Schaffer (1978), "Context Theory of Classification Learning," *Psychological Review,* 85 (3), 207-238.

Meline, K. Patrick (1996), "Truth in the Meaning of Advertisements," in *Advances in Consumer Research,* 23, ed. Kim P. Corfman and John G. Lynch Jr., Provo, UT: Association for Consumer Research, pp.237-241.

Mick, David G. and Claus Buhl (1992), "A Meaning-based Model of Advertising Experiences," *Journal of Consumer Research,* 19 (3), 317-338.

Mick, David G. and Laura G. Politi (1989), "Consumers' Interpretations of Advertising Imagery: A Visit to the Hell of Connotation," in *Interpretive Consumer Research,* ed. Elizabeth C. Hirschman, Provo, UT: Association for Consumer Research, pp.85-96.

Mirman, Daniel and Kristen M. Graziano (2012), "Individual Differences in the Strength of Taxonomic Versus Thematic Relations," *Journal of Experimental Psychology: General,* 141 (4), 601-609.

Parker, Betty J. (1998), "Exploring Life Themes and Myths in Alcohol Advertisements Through a Meaning-based Model of Advertising Experiences," *Journal of Advertising,* 27 (1), 97-112.

Parsons, Elizabeth and Benedetta Cappellini (2011), "'Land of History Romance': Consuming Nostalgia through the British Italian Cookbook," in *Advances in Consumer Research,* Vol. 39, ed. Rohini Ahluwalia, Tanya L. Chartrand, and Rebecca K. Ratner, Duluth, MN: Association for Consumer Research, pp.392-397.

Patrick, Vanessa M. (2016), "Everyday Consumer Aesthetics," *Current Opinion in Psychology,* 10, 60-64.

Patterson, Anthony and Stephen Brown (2003), "Comeback for the *Craic*: A Literary Pub Crawl," in *Time, Space, and the Market: Retroscapes Rising,* ed. Stephen Brown and John F. Sherry, Jr., NY: M. E. Sharpe, Inc., pp.75-93.

Prelinger, Ernst (1959), "Extension and Structure of the Self," *The Journal of Psychology,* 47, 13-23.

Riefler, Petra, Adamantios Diamantopoulos, and Judy A. Siguaw (2012), "Cosmopolitan Consumers as a Target Group for Segmentation," *Journal of International Business Studies,* 43 (3), 285-305.

Robert, Paul (1985), *Le Grand Robert de la Langue Française: Dictionnaire Alphabétique et Analogique de la Langue Française* (Deuxième édition), Paris: Le Robert.

Rosch, Eleanor and Carolyn B. Mervis (1975), "Family Resemblances: Studies in the Internal Structure of Categories," *Cognitive Psychology,* 7, 573-605.

Santos, Nina (2017, 31 January), "Why is Portugal the Country of Melancholia?" *Culture Trip* (https://theculturetrip.com/europe/portugal/articles/why-is-portugal-the-country-of-melancholia/ 2022 年 9 月 19 日最終アクセス)

Saramago, José (Amanda Hopkinson and Nick Caistor, Trans.) (2019), *Journey to Portugal: A Pursuit of Portugal's History and Culture*, London, UK: Vintage. (Original work published 1981)

Schroeder, Jonathan E. and Janet L. Borgerson (1999), "Packaging Paradise: Consuming Hawaiian Music," in *Advances in Consumer Research*, Vol. 26, ed. Eric J. Arnould and Linda M. Scott, Provo, UT: Association for Consumer Research, pp.46-50.

Segalen, Victor (1986), *Essai sur L'exotisme: Une Esthétique du Divers*, Librarie Général Française. (Fan Morgana, 1978)

Sherry, John F., Jr. (2008), "Three Poems on Markets and Consumption," *Consumption Markets & Culture*, 11 (3), 203-206.

Sherry, John F., Jr. and John W. Schouten (2002), "A Role for Poetry in Consumer Research," *Journal of Consumer Research*, 29 (2), 218-234.

Simpson, J. A. and E. S. C. Weiner (Eds.) (1989), *The Oxford English Dictionary* (2nd ed.) (Vol. V), Oxford: Clarendon Press.

Stamps, Arthur E., Ⅲ (2004), "Mystery, Complexity, Legibility and Coherence: A Meta-analysis," *Journal of Environmental Psychology*, 24, 1-16.

Stern, Barbara B. (1992), "Nostalgia in Advertising Text: Romancing the Past," in *Advances in Consumer Research*, Vol. 19., ed. John F. Sherry Jr. and Brian Sternthal, Provo, UT: Association for Consumer Research, pp.388-389.

Thompson, Craig J. (2004), "Marketplace Mythology and Discourses of Power," *Journal of Consumer Research*, 31 (1), 162-180.

Tonner, Andrea (2019), "Consumer Culture Poetry: Insightful Data and Methodological Approaches," *Consumption Markets & Culture*, 22 (3), 256-271.

Tourism Office in Aveiro, "Aveiro" (https://www.centerofportugal.com/destination/aveiro 2022 年 9 月 19 日最終アクセス)

Trope, Yaacov and Nira Liberman (2010), "Construal-level Theory of Psychological Distance," *Psychological Review*, 117 (2), 440-463.

Tsukiura, Takashi and Roberto Cabeza (2011), "Shared Brain Activity for Aesthetic and Moral Judgments: Implications for the Beauty-Is-Good Stereotype," *Social Cognitive and Affective Neuroscience*, 6, 138-148.

Wagner, Janet (1999), "Aesthetic Value: Beauty in Art and Fashion," in *Consumer Value: A Framework for Analysis and Research*, ed. Morris B. Holbrook, London and New York, NY: Routledge, pp.126-146.

Walter, Maik, Christian Hildebrand, Gerald Häubl, and Andreas Herrmann (2020), "Mixing It Up: Unsystematic Product Arrangements Promote the Choice of Unfamiliar Products," *Journal of Marketing Research*, 57 (3), 509-526.

Weiner, Eric (2016), "The European Country that Loves Being Sad," 29th November, *BBC Travel* (https://www.bbc.com/travel/article/20161118-the-european-country-that-loves-being-sad 2022 年 9 月 19 日最終アクセス)

Zajonc, Robert B. (1968), "Attitudinal Effects of Mere Exposure," *Journal of Personality and Social Psychology, Monograph Supplement*, 9 (2, Pt. 2), 1-27.

索　引

人名索引

事項索引

■著者紹介

牧野 圭子（まきの・けいこ）

1990年，お茶の水女子大学家政学部児童学科卒業。京都大学大学院文学研究科心理学専攻修士課程修了。同，博士後期課程学修退学。京都大学 博士（経済学）。静岡県立大学経営情報学部助手，成城大学文芸学部講師，准教授等を経て，現在，成城大学文芸学部教授。

著書 『「快楽消費」の追究』（前 堀内圭子，白桃書房，2001年），『〈快楽消費〉する社会』（前 堀内圭子，中公新書，2004年），『消費の美学』（勁草書房，2015年），『日常生活の中の趣』（晃洋書房，2019年），『情景と詩的哀感』（晃洋書房，2022年）。

■ 異国情緒の感じ方
　　—消費者美学の立場から—

■ 発行日—— 2023年7月26日　　初版発行　　　　　〈検印省略〉

■ 著　者——牧野　圭子

■ 発行者——大矢栄一郎

■ 発行所——株式会社 白桃書房
　　　　　〒101-0021　東京都千代田区外神田5-1-15
　　　　　☎ 03-3836-4781　FAX 03-3836-9370　振替 00100-4-20192
　　　　　https://www.hakutou.co.jp/

■ 印刷・製本——三和印刷

好 評 書

P. コトラー / W. ファルチ【著】杉光一成【訳】

コトラーのイノベーション・ブランド戦略　　　　　　本体 4,200 円
—ものづくり企業のための要素技術の「見える化」

P. コトラー / W. ファルチ【著】杉光一成【監修・訳】川上智子【監訳・訳】

小具龍史 / 原琴乃【訳】

コトラーの B2B ブランド・マネジメント　　　　　　本体 3,500 円

C. フィル / S. ターンブル【著】森一彦 / 五十嵐正毅【訳】

マーケティング・コミュニケーション　　　　　　本体 3,200 円
—プリンシプル・ベースの考え方

村松潤一 / 大藪亮【編著】

北欧学派のマーケティング研究　　　　　　　　　本体 3,182 円
—市場を超えたサービス関係によるアプローチ

畢　滔滔【著】

チャイナタウン，ゲイバー，レザーサブカルチャー，ビート，

そして街は観光の聖地となった　　　　　　　　　本体 2,750 円
—「本物」が息づくサンフランシスコ近隣地区

畢　滔滔【著】

なんの変哲もない　取り立てて魅力もない地方都市
それがポートランドだった　　　　　　　　　　　本体 3,100 円
—「みんなが住みたい町」をつくった市民の選択

木村純子・陣内秀信【編著】

イタリアのテリトーリオ戦略　　　　　　　　　　本体 3,545 円
—甦る都市と農村の交流

圓丸哲麻【著】

百貨店リテールブランド戦略　　　　　　　　　　本体 3,182 円
—消費者基点からの提言

東京　白桃書房　神田

本広告の価格は本体価格です。別途消費税が加算されます。